Contents

Amazing Grace

D   G   B G   B   A   G   E
A - maz - ing   grace,   how   sweet   the

D   D   G   B G   B   A   D B
sound   that   saved   a   wretch   like   me.   I

D B D B   G   D   E   G G E
on - ce wa - s   lost,   but   no - w a - m

D   D   G   B G   B   A   G
found,   was   blind   bu - t   now   I   see.

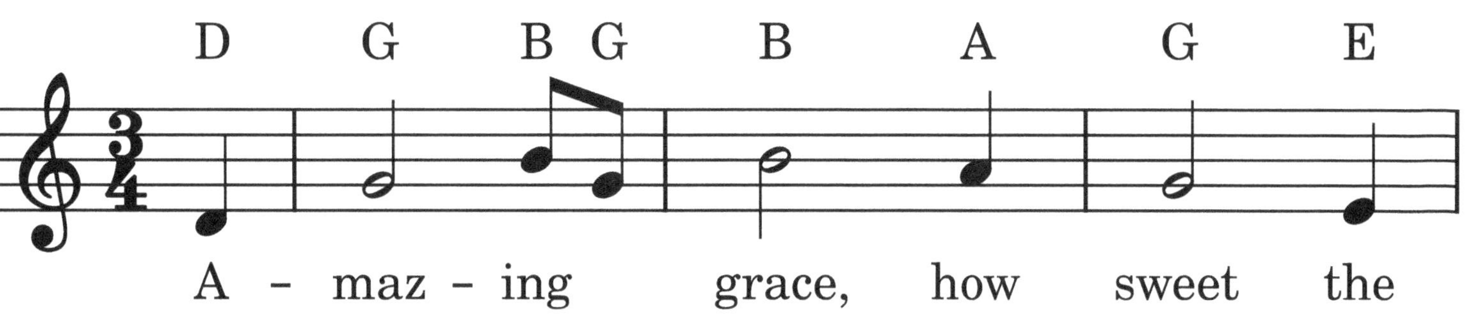

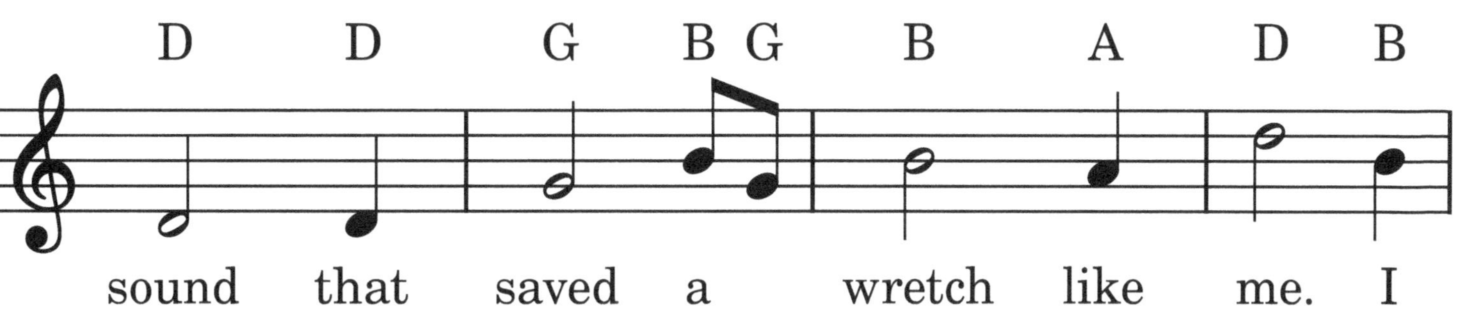

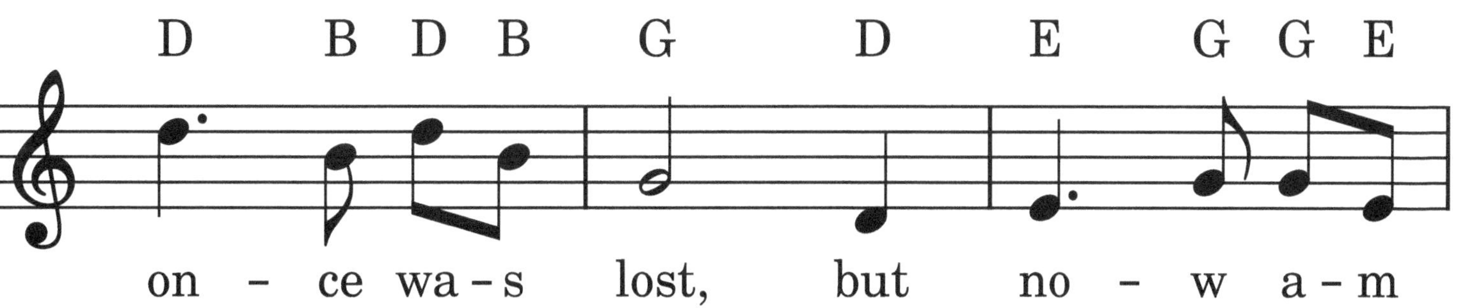

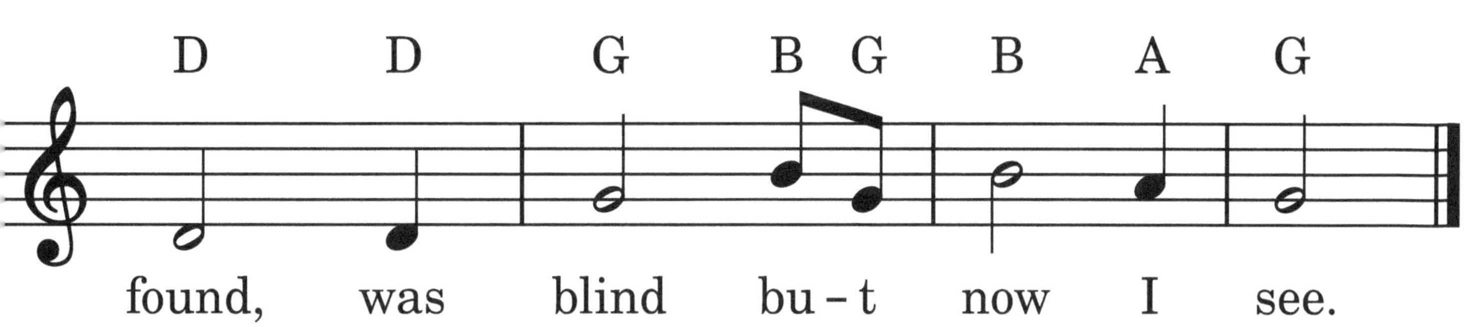

Are You Sleeping?

G A B G   G A B G
Are you sleep – ing,   are you sleep – ing?

B C D   B C D
Broth – er John,   Broth – er John,

D E D C B G
Morn – ing bells are ring – ing,

D E D C B G   G D G
Morn-ing bells are ring – ing: Ding, ding, dong,

G D G
ding, ding, dong.

Baa Baa Black Sheep

C   C   G   G   A B C A G
Baa   Baa   Black   Sheep   Have you a – ny wool?

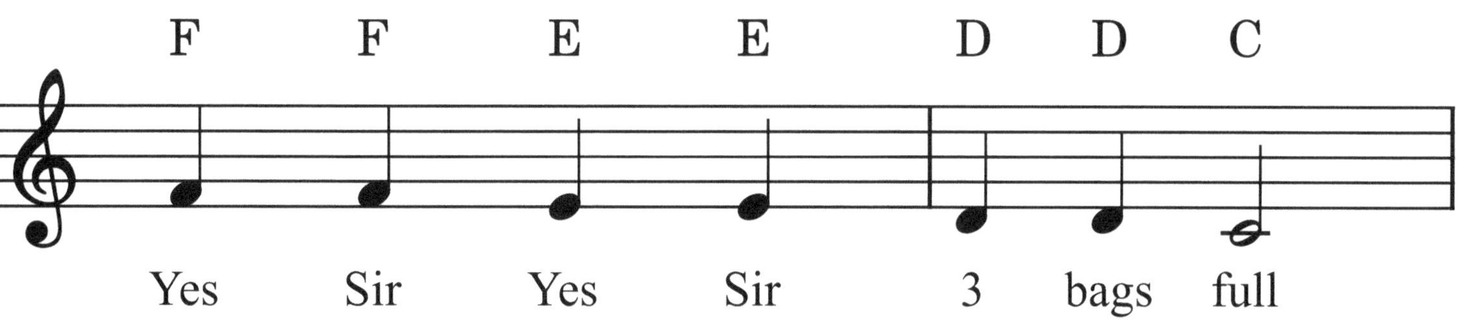

F   F   E   E   D D C
Yes   Sir   Yes   Sir   3 bags full

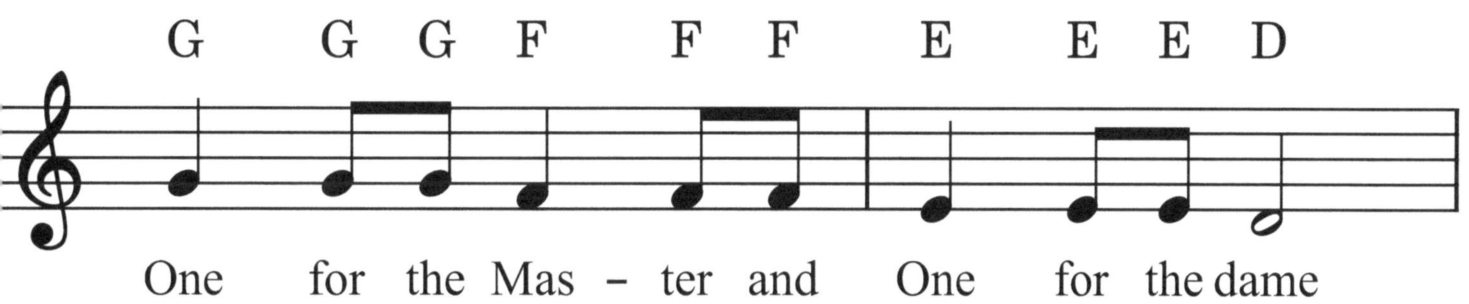

G G G F F F E E E D
One   for the Mas – ter and   One   for the dame

G G G F G A F E D D C
One   for the lit – tle boy who   lives down the   lane.

Happy Birthday To You

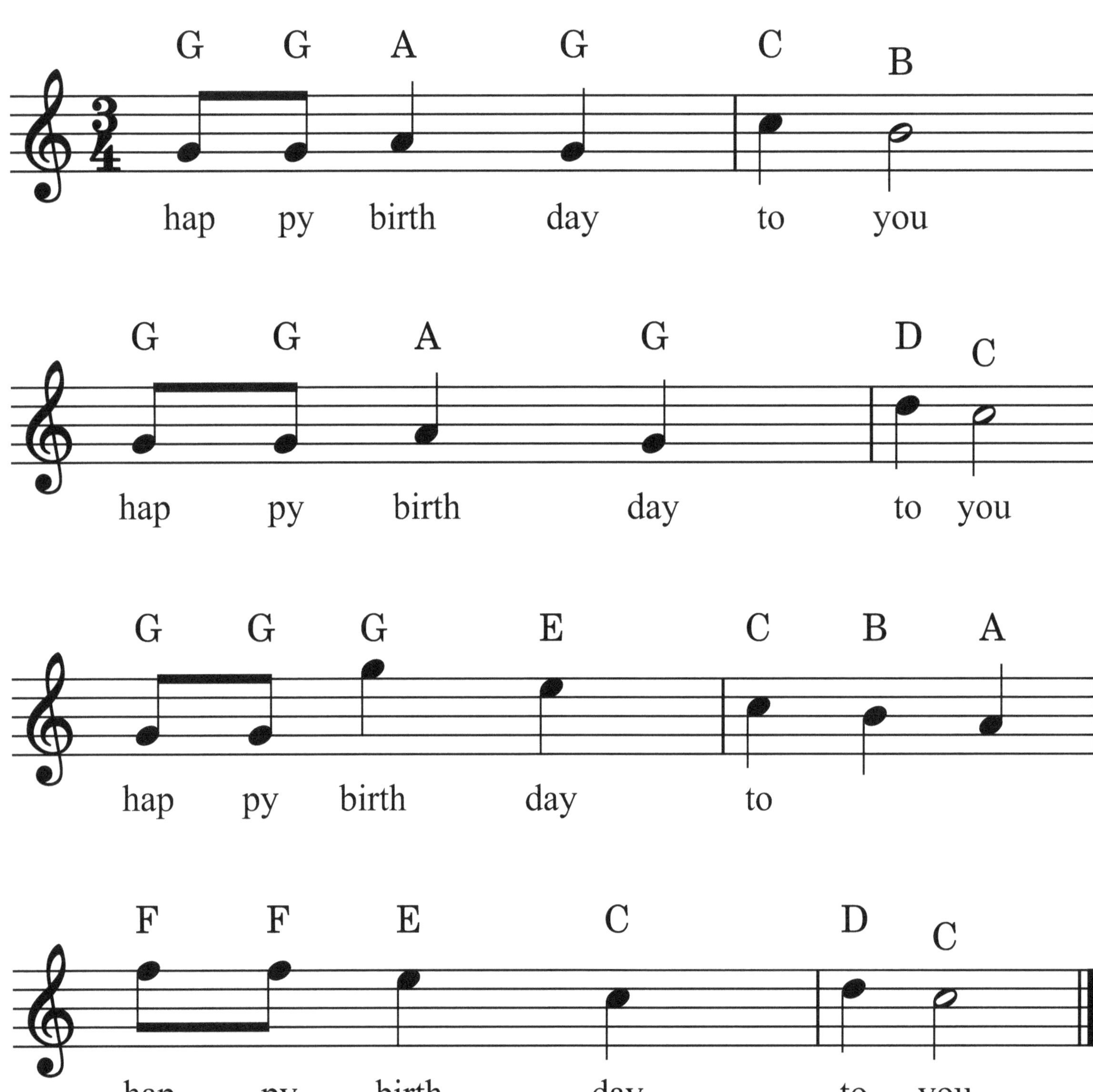

G G A G C B
hap py birth day to you

G G A G D C
hap py birth day to you

G G G E C B A
hap py birth day to

F F E C D C
hap py birth day to you

Hey Diddle Diddle

E E E E F G   D D D D C D
Hey did-dle did-dle, the   cat and the fid-dle, the

E   E   E F G   D   D   E
cow   jumped o - ver the   moon.____   The

F F F F G A G   E C D E
lit-tle dog laughed. to see   such sport, and the

G G G G A B   C   C
dish ran a - way with the   spoon.____

Hickory Dickory Dock

B C D D E F# G D
Hic – ko – ry dic – ko – ry dock The
B D D F# G D
mouse ran up the clock The
G G F# F# E E D
clock struck one the mouse ran down
D E D C B A G G
Hic – ko – ry dic – ko – ry dock

Humpty Dumpty

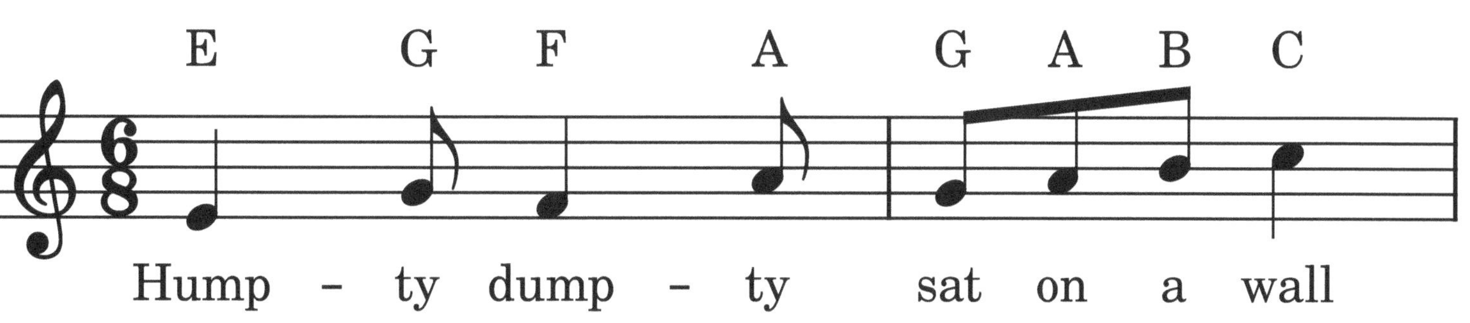

E G F A G A B C
Hump - ty dump - ty sat on a wall

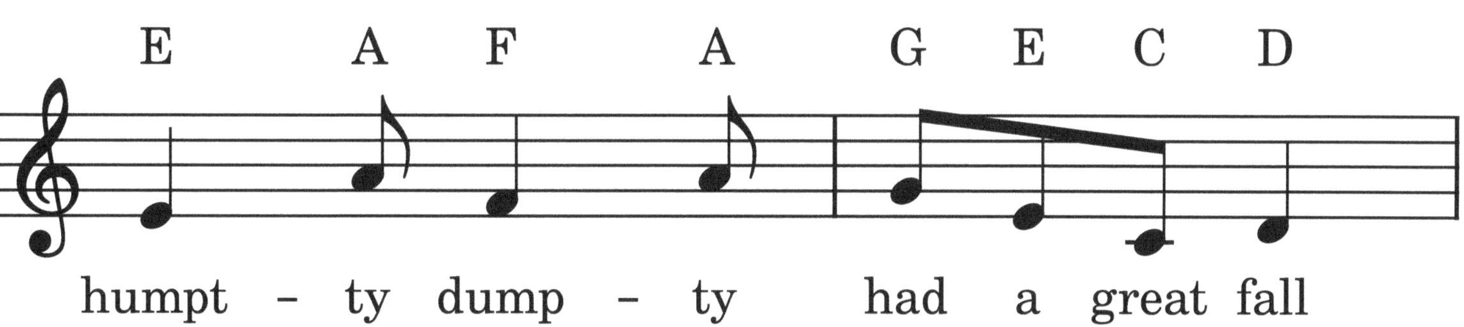

E A F A G E C D
humpt - ty dump - ty had a great fall

E E G F F A G A B C
all the king´s hor - ses and all the king´s man

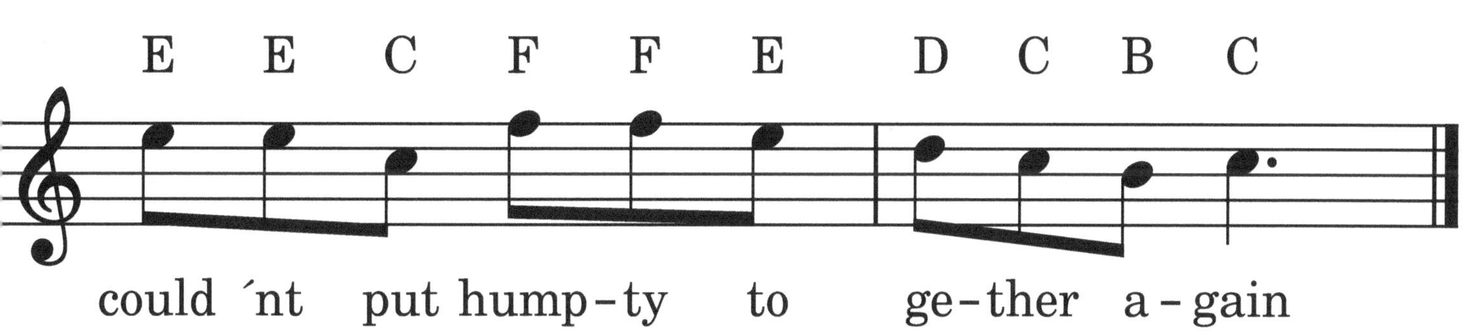

E E C F F E D C B C
could ´nt put hump-ty to ge-ther a-gain

If You're Happy And You Know It
Clap Your Hands

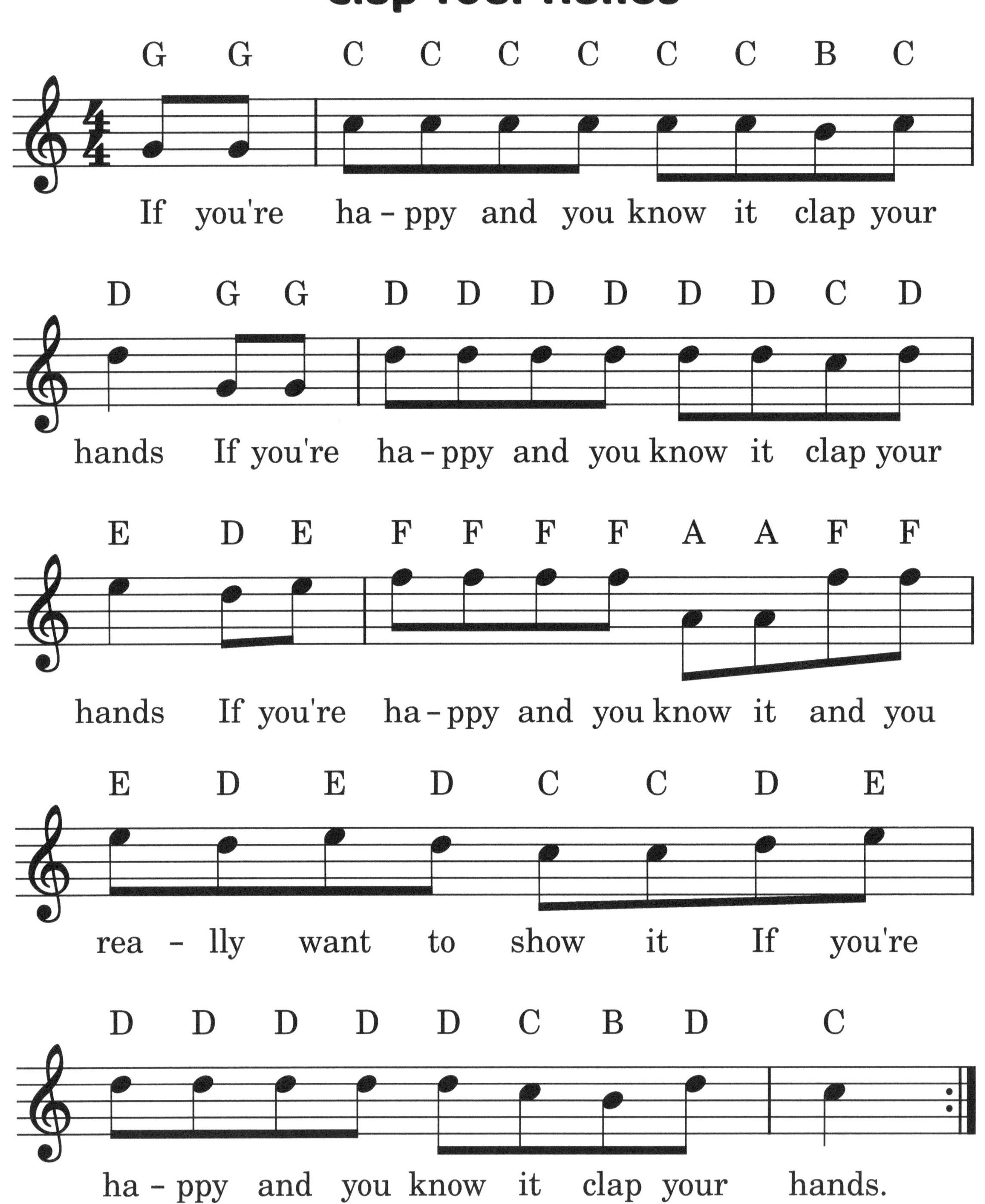

G G C C C C C C B C
If you're ha-ppy and you know it clap your
D G G D D D D D D C D
hands If you're ha-ppy and you know it clap your
E D E F F F F A A F F
hands If you're ha-ppy and you know it and you
E D E D C C D E
rea-lly want to show it If you're
D D D D D C B D C
ha-ppy and you know it clap your hands.

London Bridge Is Falling Down

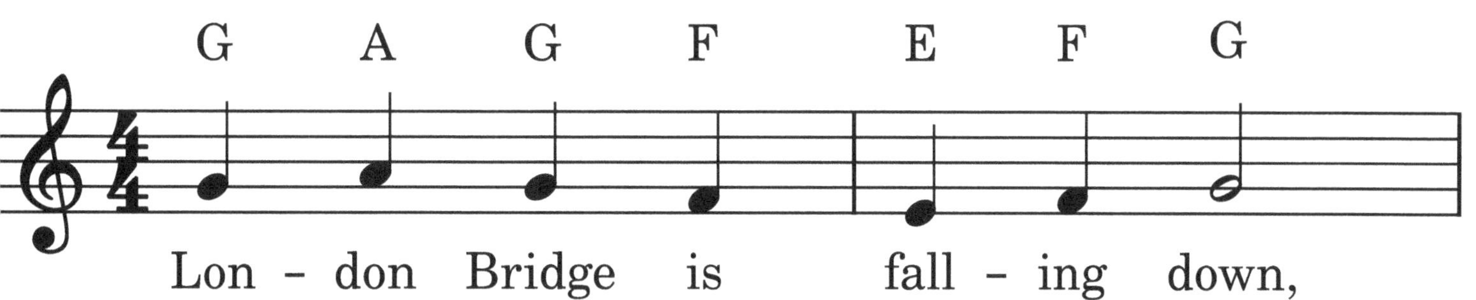

G A G F E F G
Lon - don Bridge is fall - ing down,

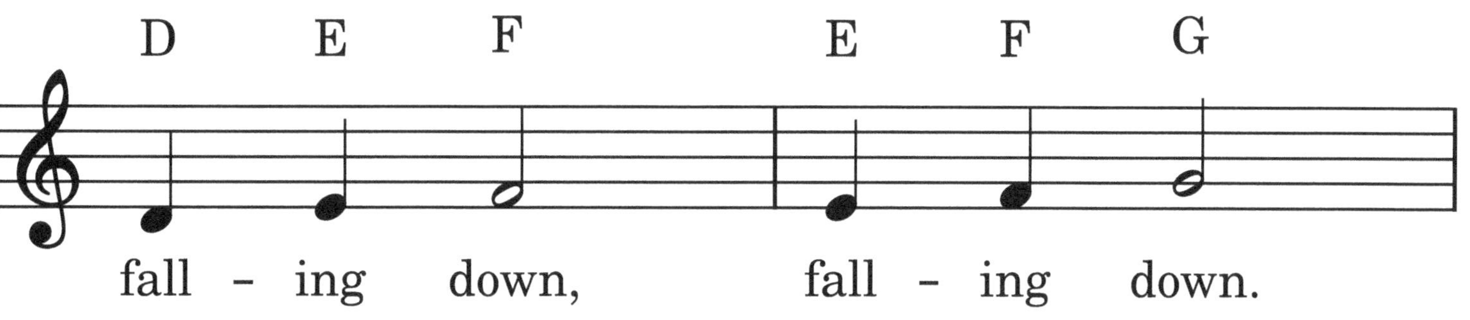

D E F E F G
fall - ing down, fall - ing down.

G A G F E F G D G
Lon - don Bridge is fall - ing down My fair

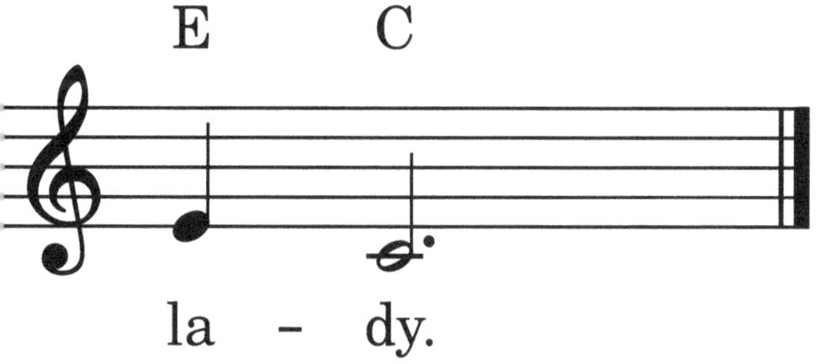

E C
la - dy.

Mary Had A Little Lamb

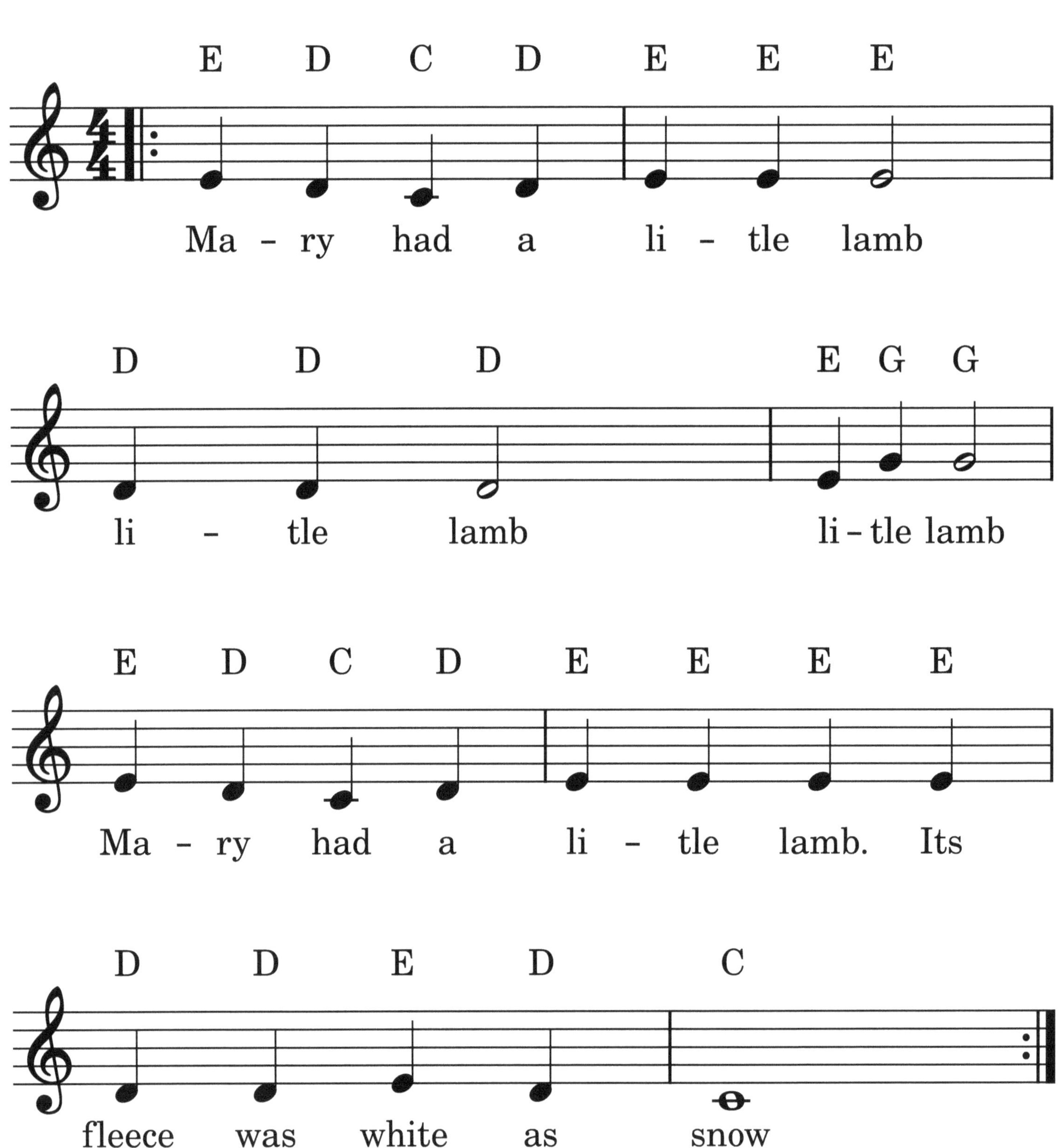

E D C D E E E
Ma - ry had a li - tle lamb
D D D E G G
li - tle lamb li - tle lamb
E D C D E E E E
Ma - ry had a li - tle lamb. Its
D D E D C
fleece was white as snow

Mozart Quaternário-2 (8/8)

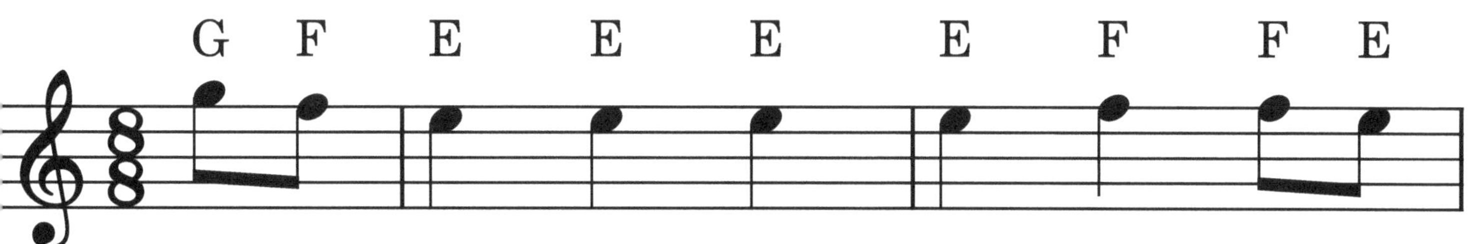

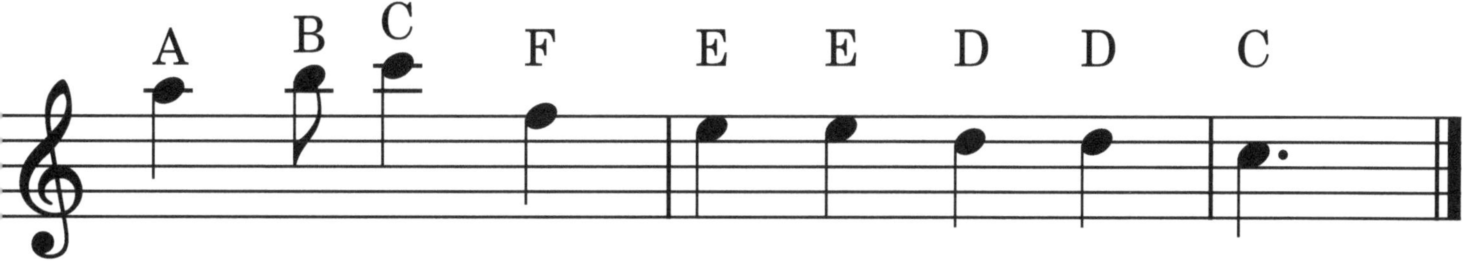

One Little Finger

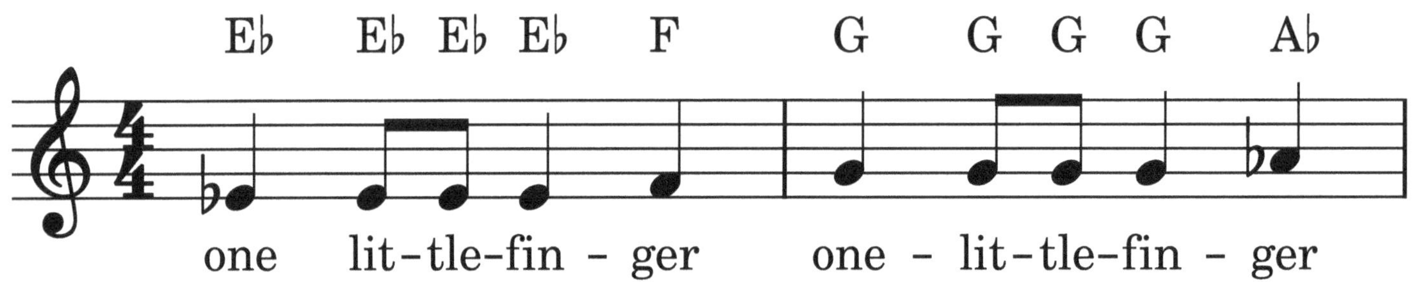

Eb Eb Eb Eb F G G G G Ab
one lit-tle-fin - ger one - lit-tle-fin - ger

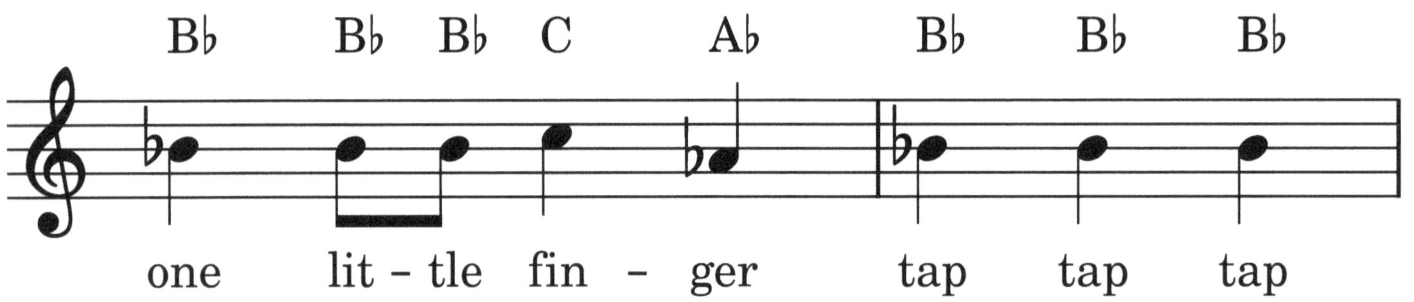

Bb Bb Bb C Ab Bb Bb Bb
one lit – tle fin – ger tap tap tap

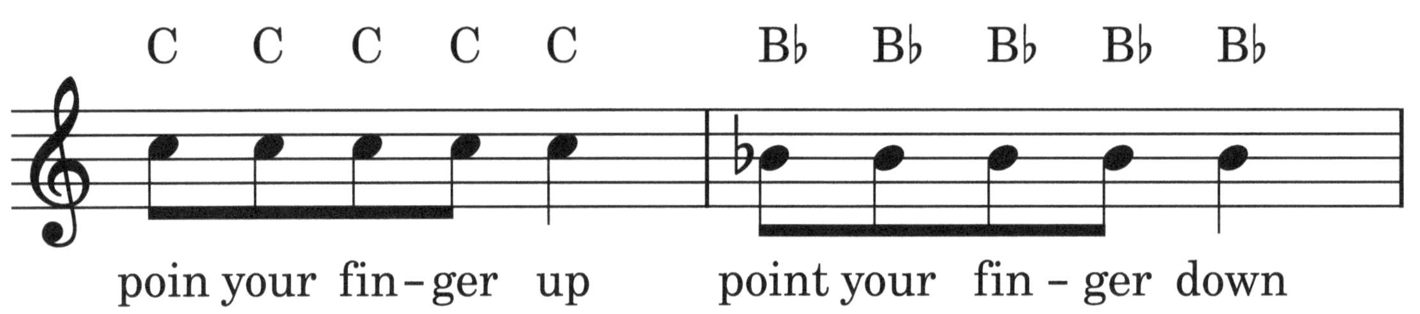

C C C C C Bb Bb Bb Bb Bb
poin your fin – ger up point your fin – ger down

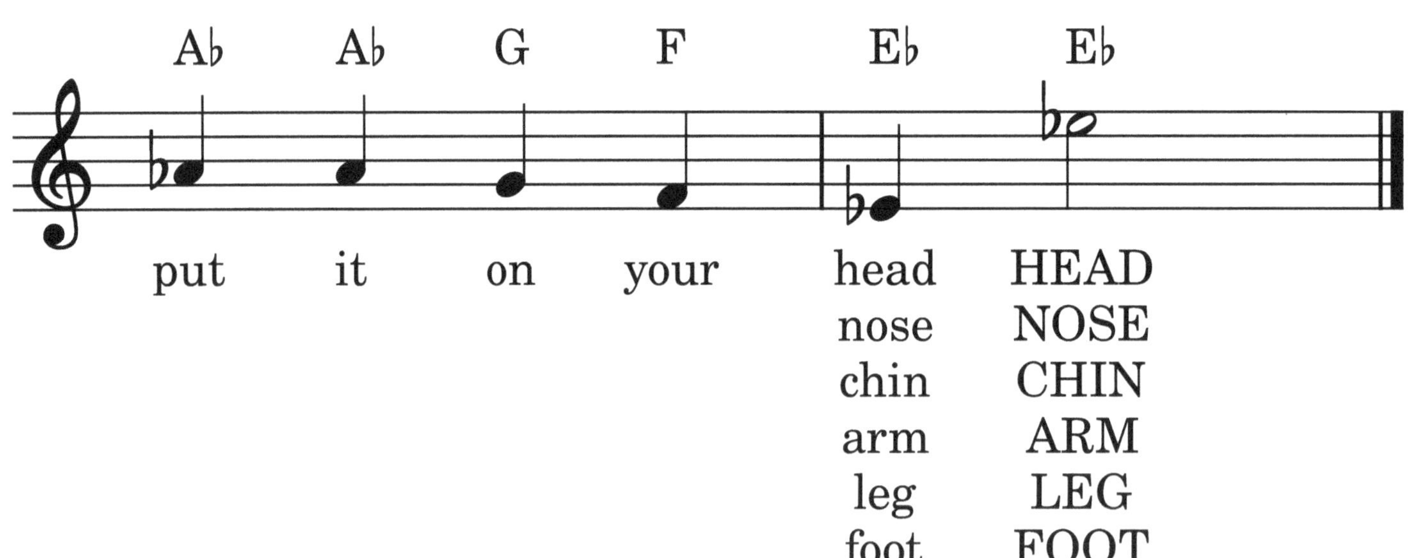

Ab Ab G F Eb Eb
put it on your head HEAD
nose NOSE
chin CHIN
arm ARM
leg LEG
foot FOOT

Pop Goes The Weasel

F   A   G   B♭   A   C   A   F
Half   a   pound   of   two-pen-ny   rice
Up   and   down   the   ci   -   ty   row

F   A   G   B♭   A   F
Half   a   pound   of   trea   -   cle
Round   &   round   the   ea   -   gle

F   A   G   B♭   A   C   F
Mix   it   up   and   make   it   nice.
That's   the   way   the   mon   -   ey   goes.

D   G   C   A   F
Pop!   goes   the   Wea   -   sel
Pop!   goes   the   Wea   -   sel

Rock-A-Bye, Baby

E G E D C E G C
Rock - a - bye, ba - by, on the tree
B F G F E D
top; When the wind blows the
D C A G E G E
cra - dle will rock; When the bough
D C E G C B G C F
breaks the cra-dle will fall, and down will come
E C D A B C
ba - by, cra - dle and all.

Row, Row, Row Your Boat

C   C   C   D   E   E   D   E   F
Row,   row,   row your boat   gent - ly down   the

G   C C C G G G   E E E C C C
stream.   Merr-i – ly, merr-i – ly,   merr-i – ly, merr-i – ly,

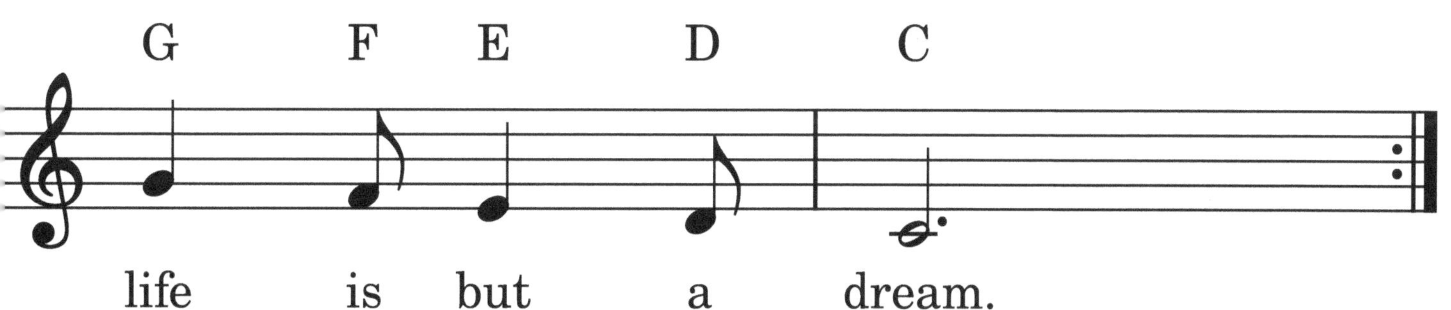

G   F   E   D   C
life   is   but   a   dream.

The Wheels On The Bus

C F F F F A C A
The wheels on the bus go round and
The horn on the bus goes beep and beep
F G G G E D
round. Round and round. Round and
beep. Beep and beep beep Beep and beep
C C F F F F A C A
round The wheels on the bus go round and
beep. The horn on the bus goes beep beep
F G C F
round All over town
beep All over town

This Little Light Of Mine

C C C C D F A A A A G
This lit tle light of mine I'm gon na let it
F D F F F G F
shine This lit tle light of mine
F F F F D C C C C C D
I'm gon na let it shine, This lit tle light of
F A A A A G F F G
mine I'm gon na let it shine, Let it
A A A G E A G F
shine, Let it shine, let it shine.

This Old Man

D   B   D   D   B   D
This   old   man,   he   played   one,

E   D   C   B   A   B   C
he   played   nick - nack   on   my   drum.

D   G   G   G   G   G   A   B   C   D
Nick - nack,   pad-dy-wack,   give the dog a bone,

D   A   A   C   B   A   G
This   old   man came   roll - ing   home.

Twinkle Twinkle Little Star

C C G G A A G
Twin – kle   Twin – kle   lit – tle   star.
F F E E D D C   G G F F
How I won-der   what you are.   Up a-bove the
E E D   G G F F   E E D
world so high.   LIke a   dia-mond   in the sky.
C C G G   A A G   F F E E
Twin-kle Twin-kle   lit-tle star   How I won-der
D D C
what   you   are.

Bingo

D G G G D D E E E B B
There was an old dog lay at the mill door and

C C D F# A G B B G
Bin - go was his name Sir B - i - n -

C A G G G G G G
g - o Bang her and bop her and

G G G G G G C C A D
kick her and cop her and Bin - go was his

B G B G D D D
name Sir You sing bang her and

C A F# F# D B G D D D
I sing bop her and you sing kick her and

C A F# F# D G G G G G G
I sing cop her And Bang her and bop her and

G G G G G G C C A D
kick her and cop her and Bin - go was his

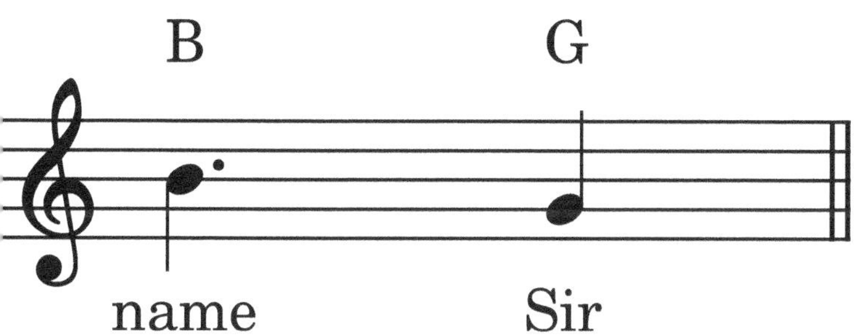

B G
name Sir

Deck the Halls

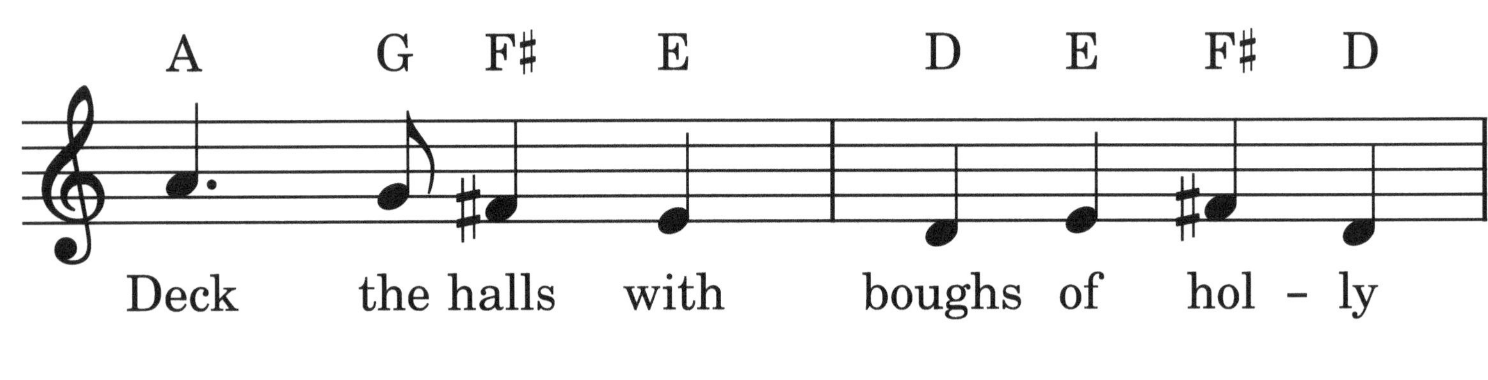

A G F# E D E F# D
Deck the halls with boughs of hol - ly

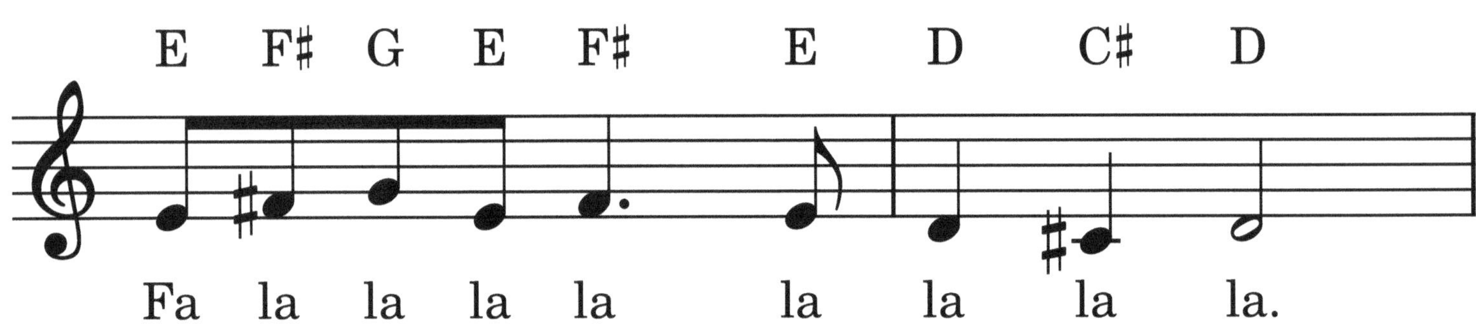

E F# G E F# E D C# D
Fa la la la la la la la la.

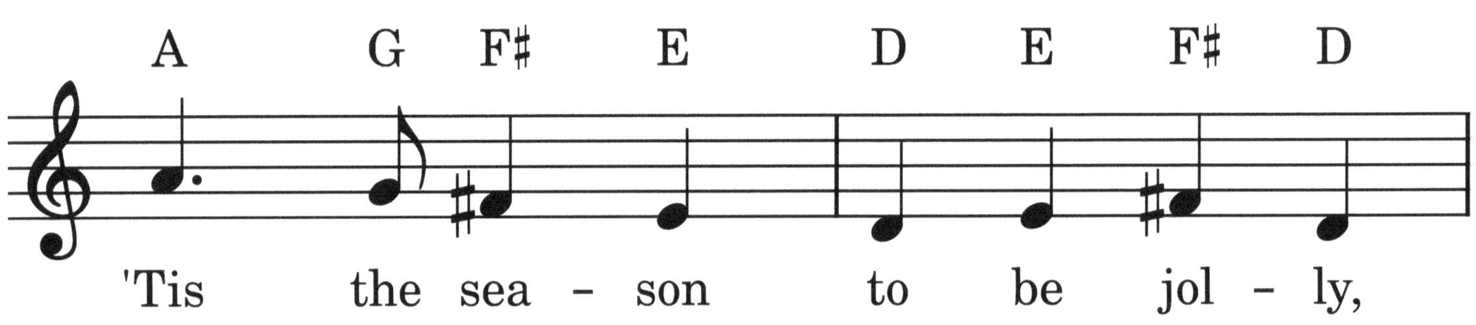

A G F# E D E F# D
'Tis the sea - son to be jol - ly,

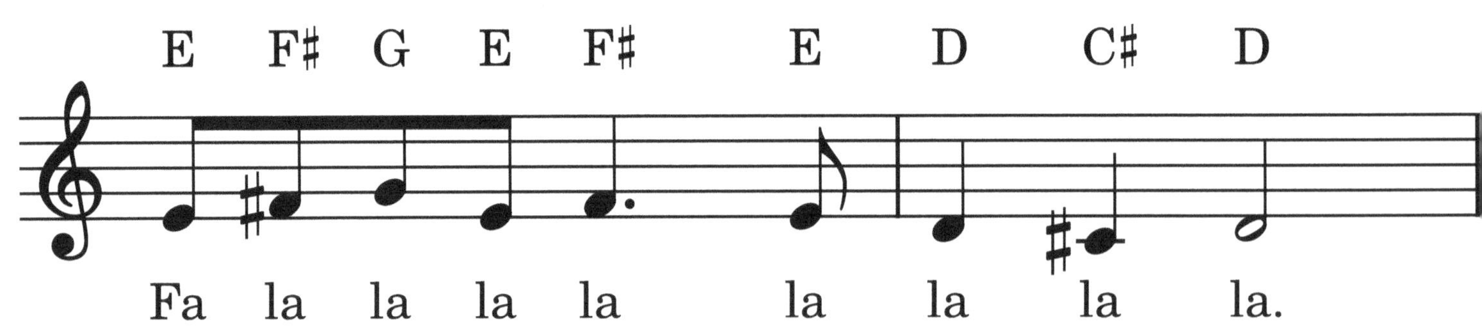

E F# G E F# E D C# D
Fa la la la la la la la la.

E F# G E F# G A E
Don we now our gay ap-par -

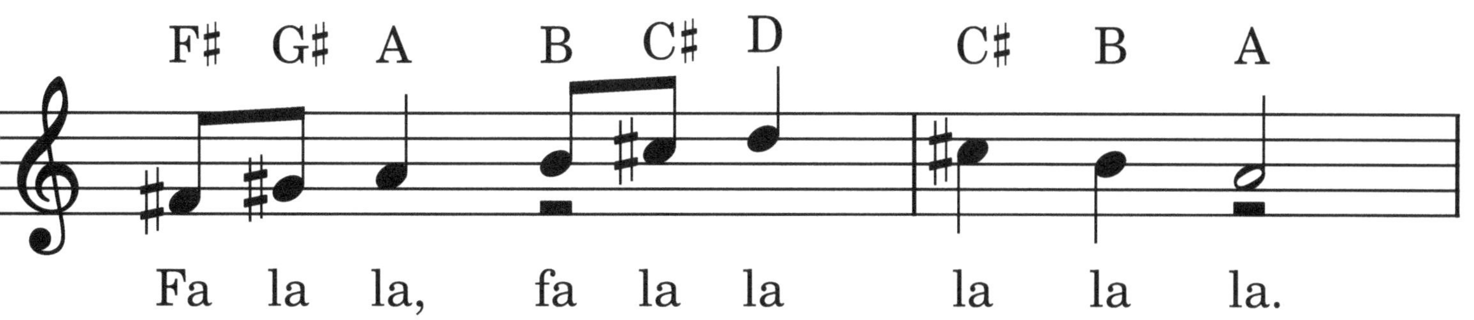

F# G# A B C# D C# B A
Fa la la, fa la la la la la.

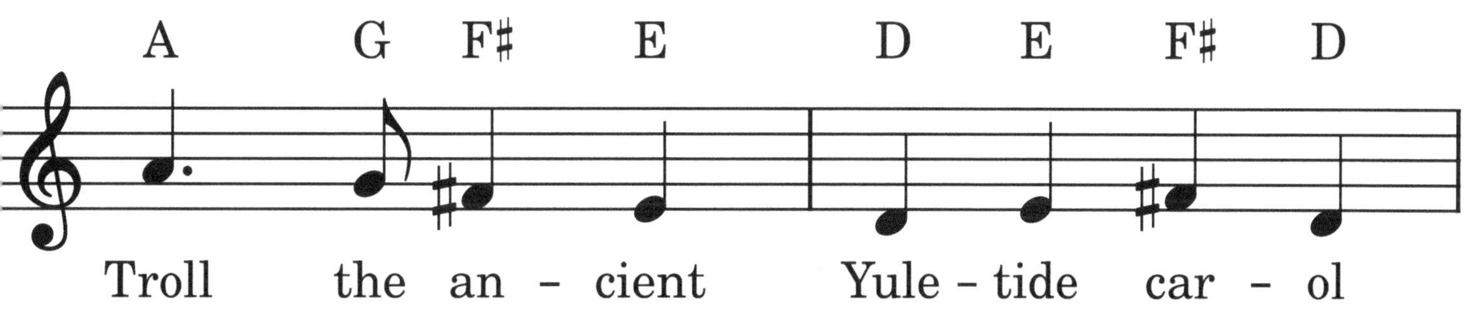

A G F# E D E F# D
Troll the an - cient Yule - tide car - ol

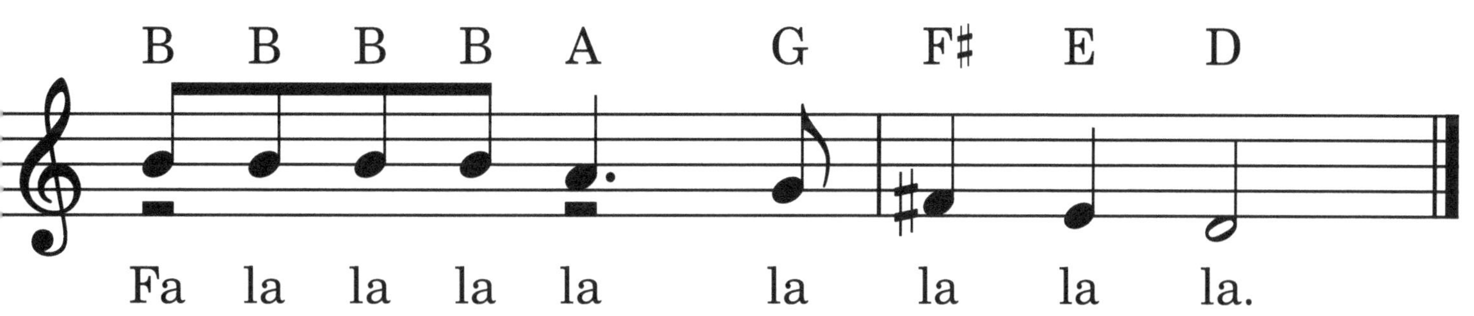

B B B B A G F# E D
Fa la la la la la la la la.

Five Little Ducks

E D D C C B A G
Five lit – tle ducks went out one day

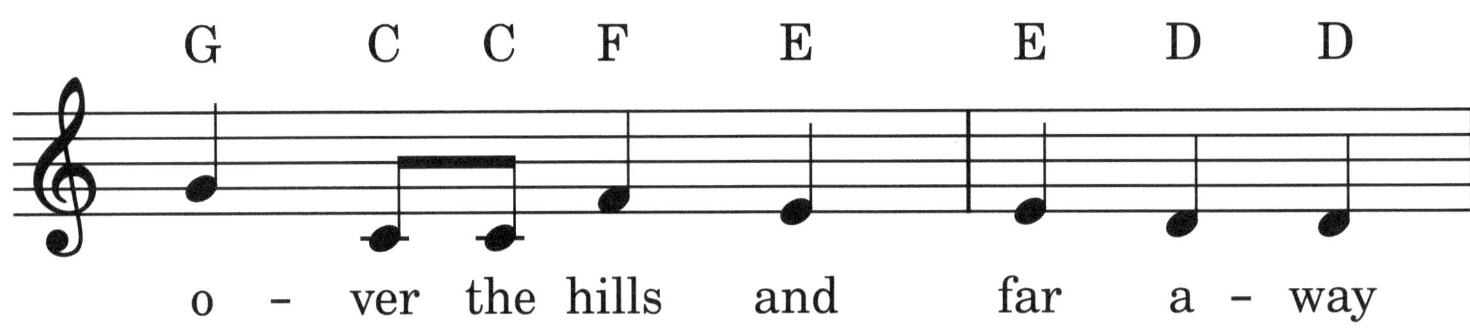

G C C F E E D D
o – ver the hills and far a – way

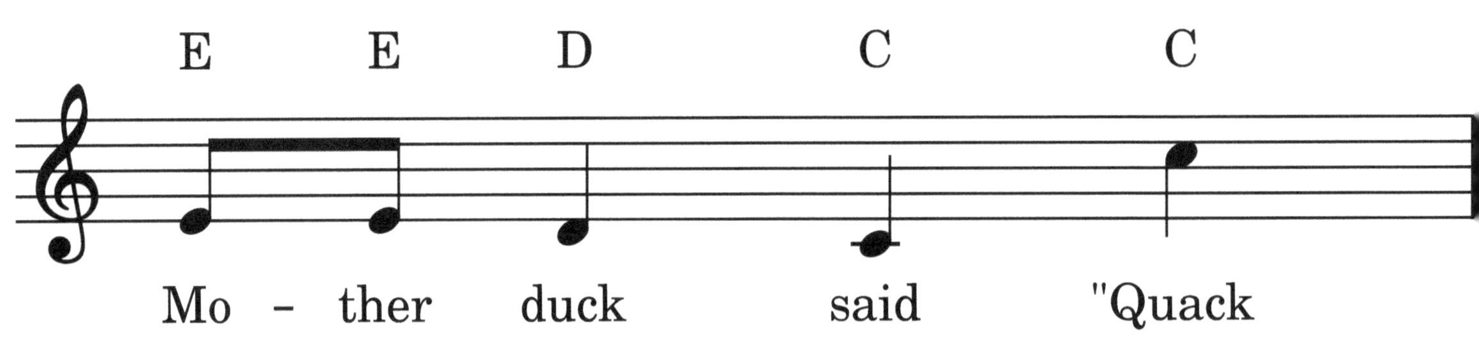

E E D C C
Mo – ther duck said "Quack

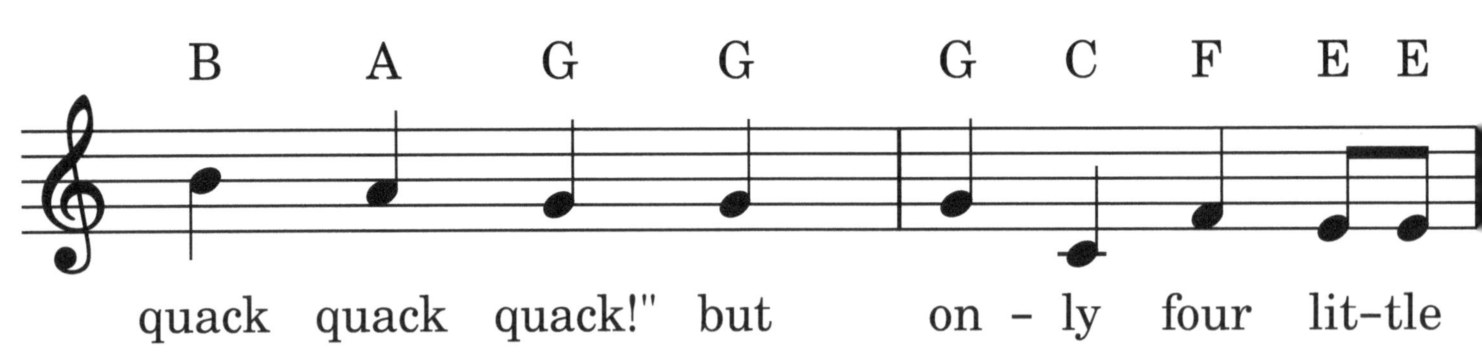

B A G G G C F E E
quack quack quack!" but on – ly four lit-tle

D D C E D D C C
ducks came back. Sad mo-ther duck went

B A G G C C F E
out one day O - ver the hills and

E D D E E D C C
far a - way Mo - ther duck cried "quack

B A G G G C C F E E
quack quack quack and all of the five lit-tle

D D C
ducks came back.

Do You Want to Build a Snowman?
(Frozen)

C C C C E D E E C
Do you want build a snow-man? Come

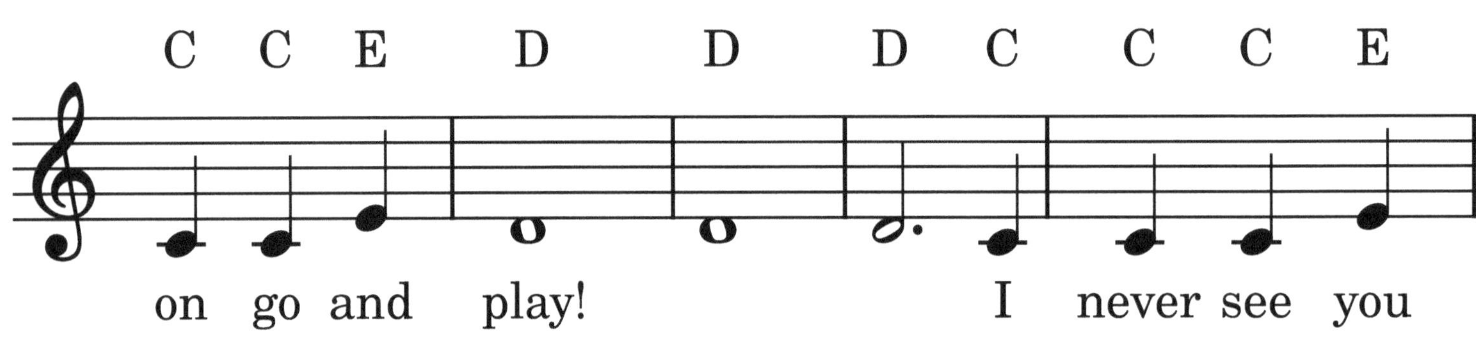

C C E D D D C C C E
on go and play! I never see you

F E C F E C C C C E G
an-y more out the door, it's like gone a - way

G G G G F E F G C C
We used to be best bud-dies and

D E C E D C D E A
now we're not Wish you would tell me why
A A C C C C E D E E
Do you want build a snow - man?
C C C C C E D C C
It does-n't have be a snow - man
C B C

For He's A Jolly Good Fellow

G B B B A B C D E E

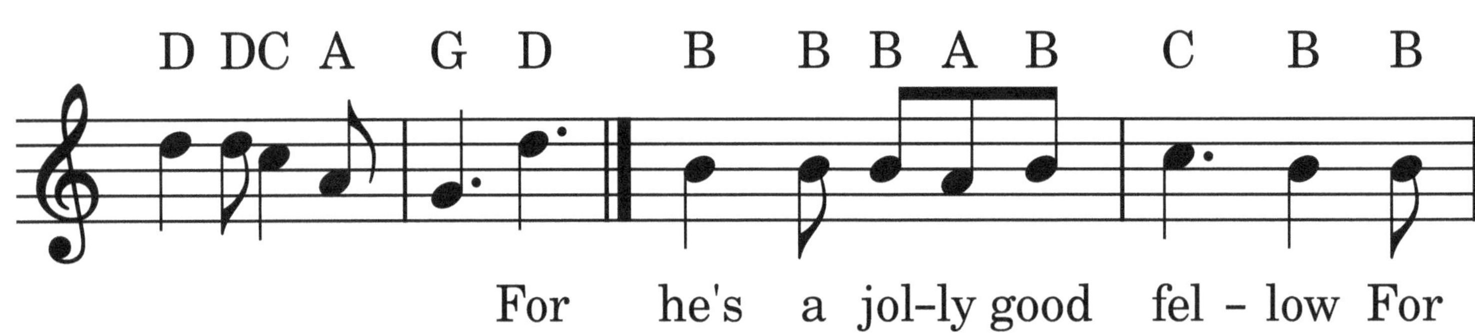

D DC A G D B B B A B C B B
For he's a jol-ly good fel - low For

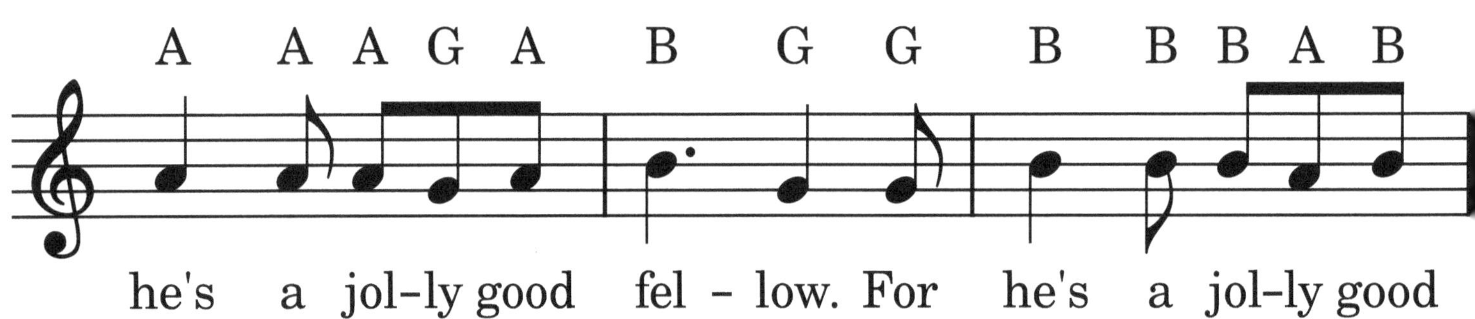

A A A G A B G G B B B A B
he's a jol-ly good fel - low. For he's a jol-ly good

C D E E D D C A G G B
fel - low and so say all of us.____ And

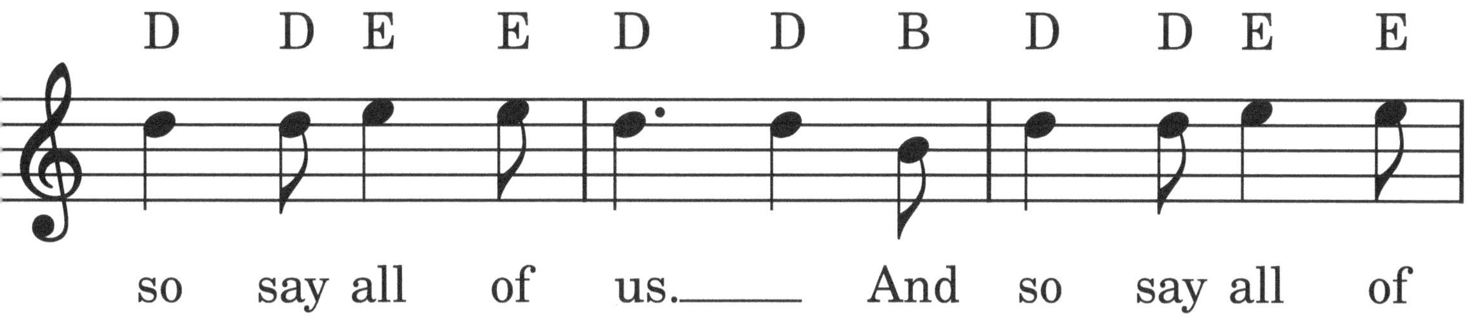

D D E E D D B D D E E
so say all of us.____ And so say all of

D D B B B B A B C B B
us.____ For he's a jol-ly good fel - low For

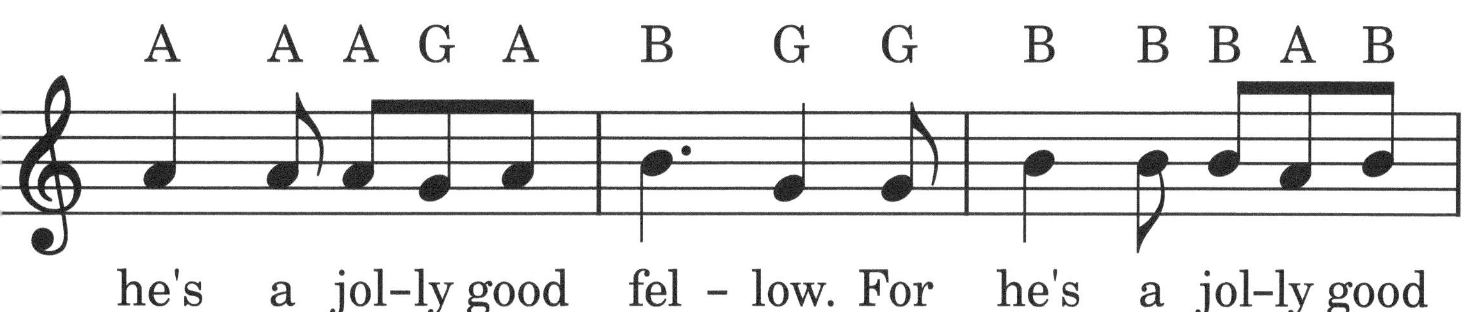

A A A G A B G G B B B A B
he's a jol-ly good fel - low. For he's a jol-ly good

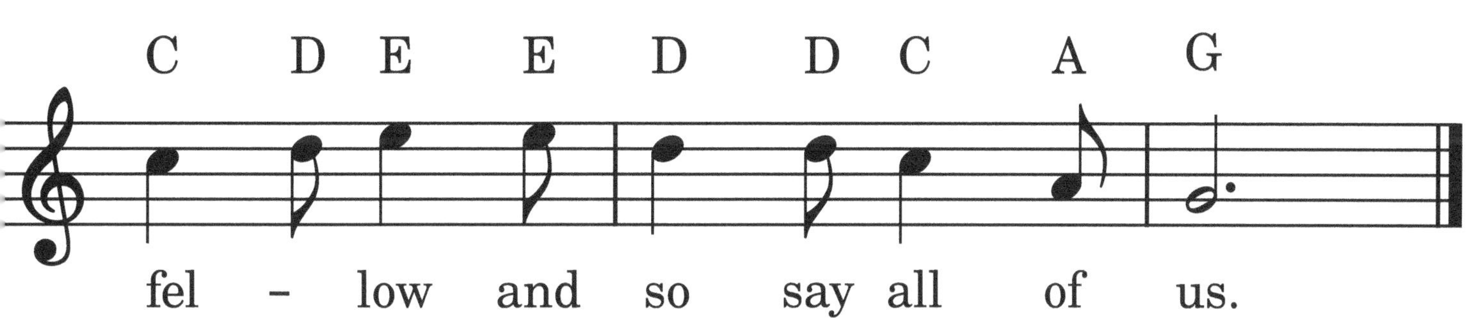

C D E E D D C A G
fel - low and so say all of us.

Greensleeves

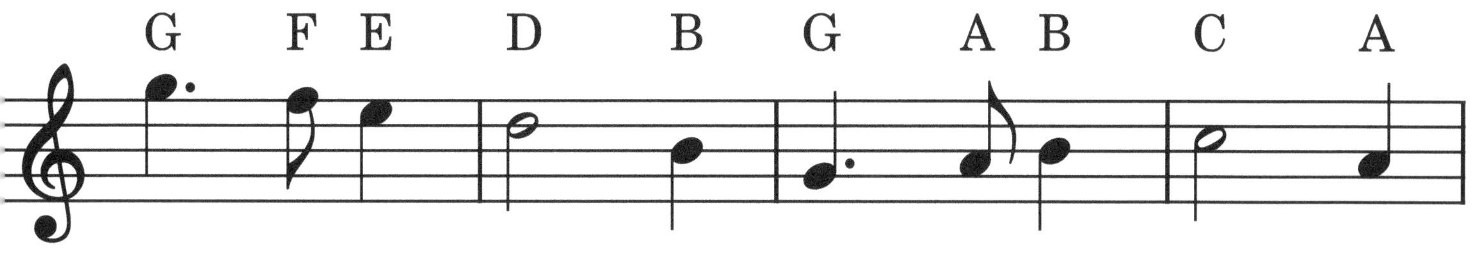

G F E D B G A B C A

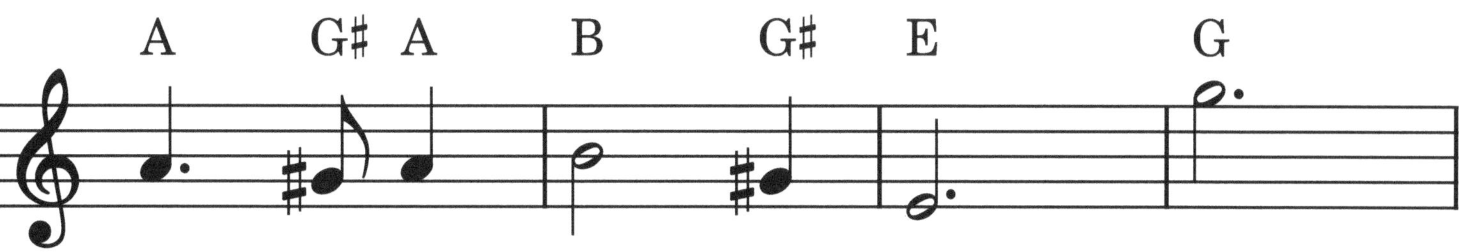

A G# A B G# E G

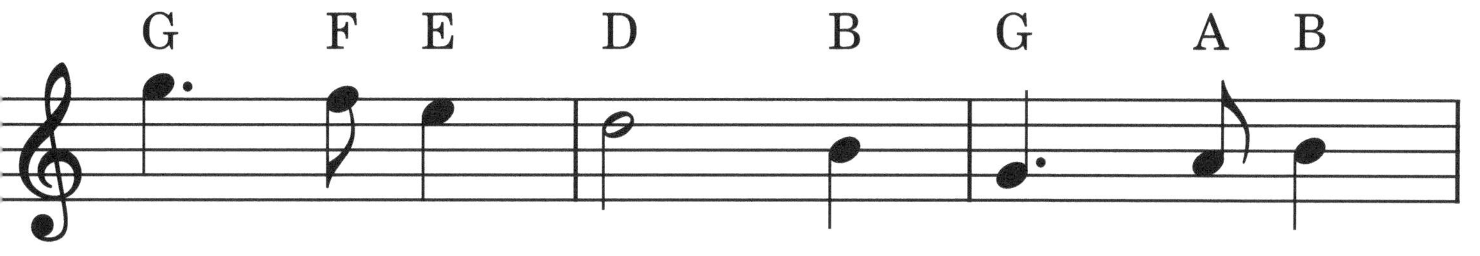

G F E D B G A B

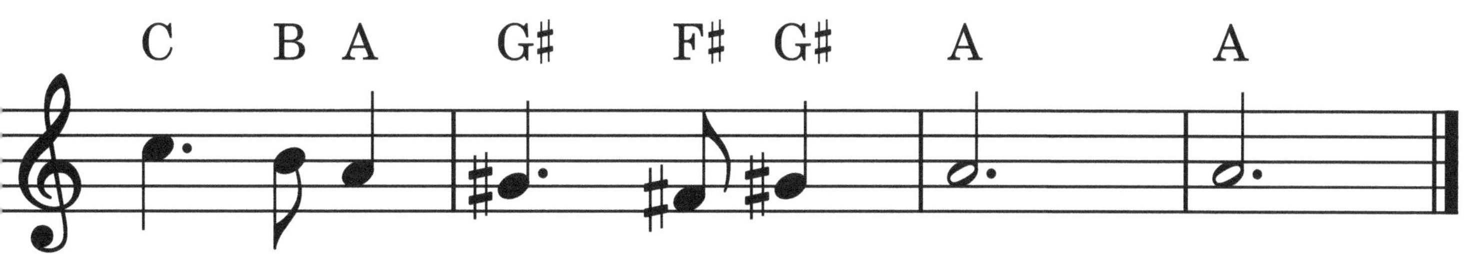

C B A G# F# G# A A

Heads And Shoulders Knees And Toes

C D E F A G G
Heads and shoul - ders knees and toes

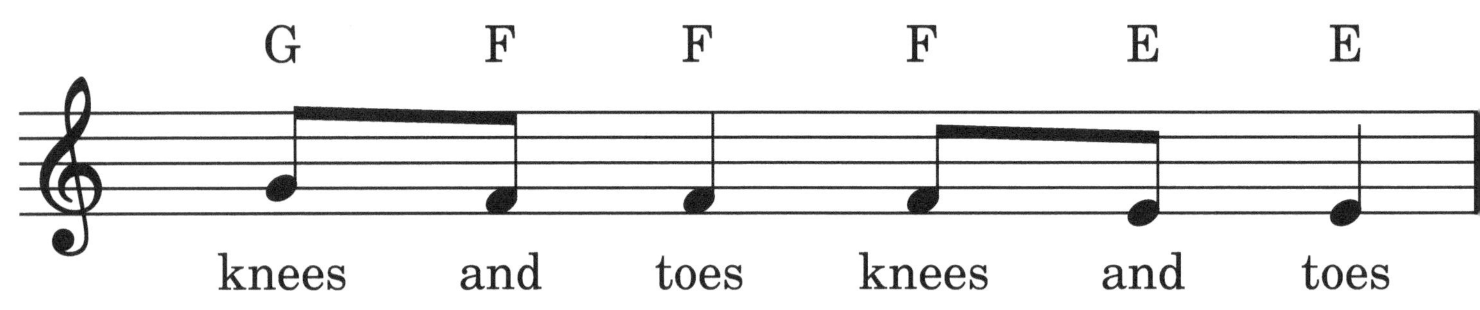

G F F F E E
knees and toes knees and toes

C D E F A G G C
Heads and shoul - ders knees and toes Let's

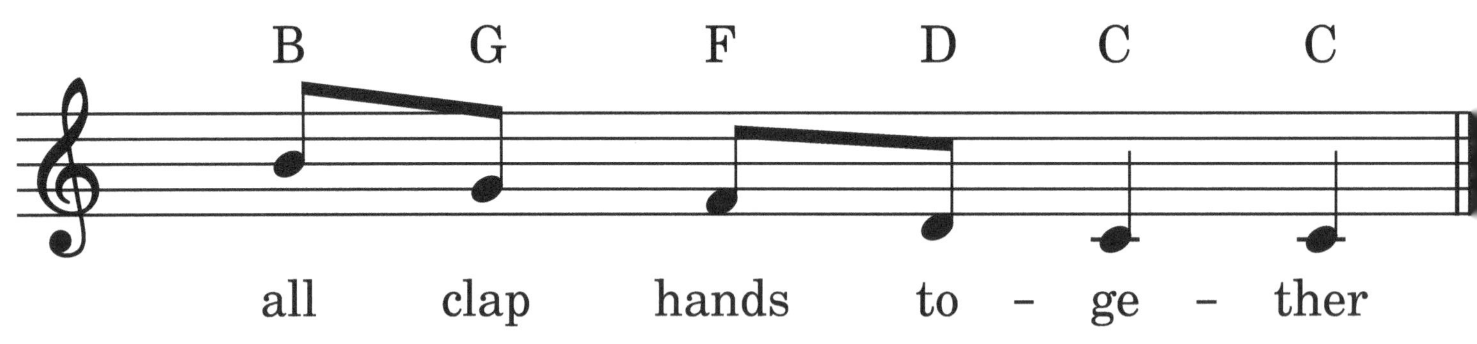

B G F D C C
all clap hands to - ge - ther

C D E F A G G
Eyes and ears and mouth and nose

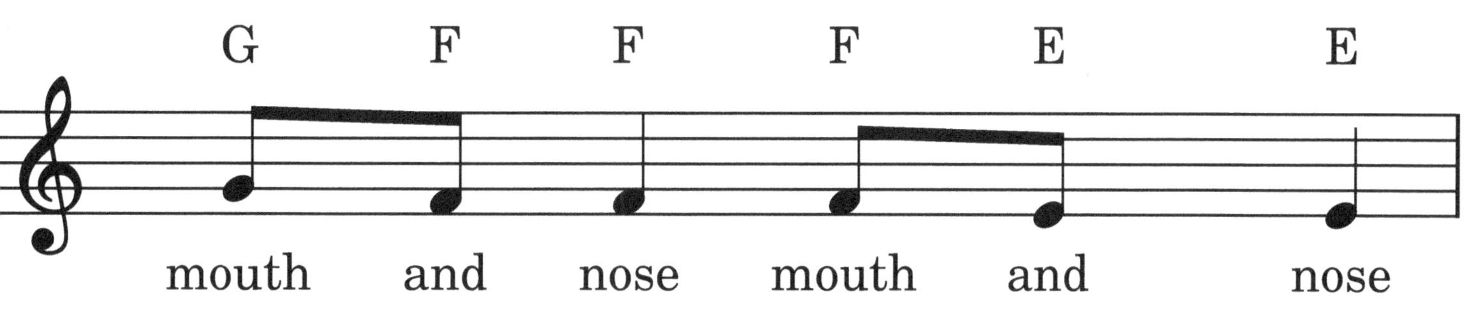

G F F F E E
mouth and nose mouth and nose

C D E F A G G C
Eyes and ears and mouth and nose Let's

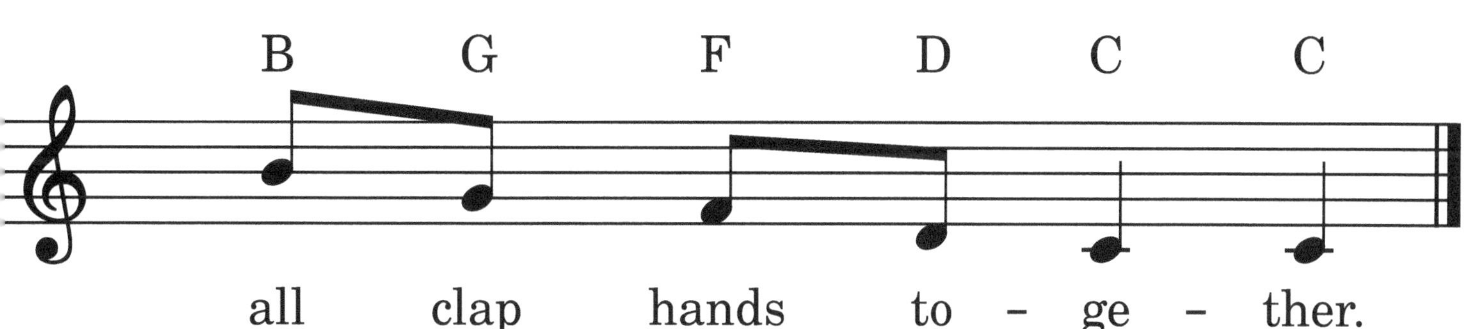

B G F D C C
all clap hands to - ge - ther.

Hot Cross Buns

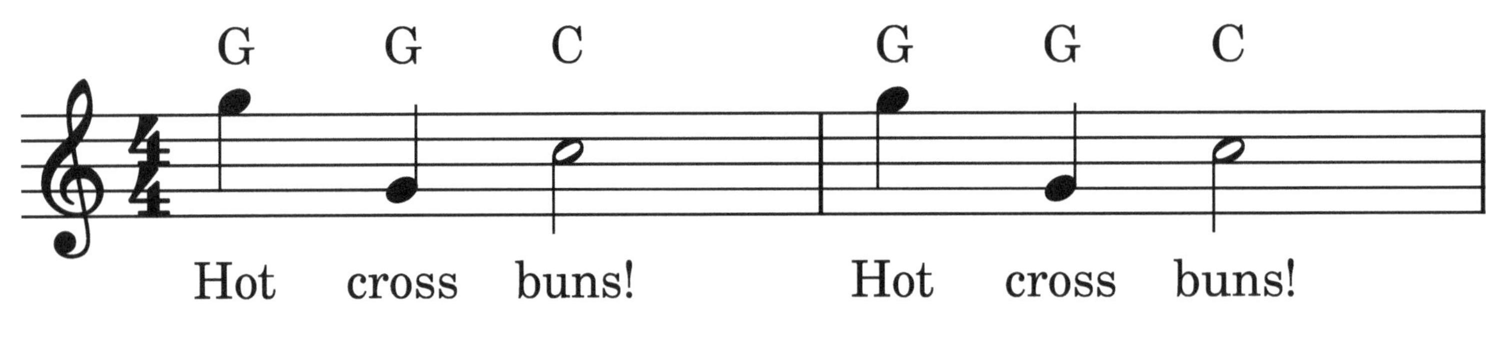

G G C   G G C
Hot cross buns!   Hot cross buns!

G F E D C D E F   G G C
One a pen-ny, two a pen-ny,   hot cross buns!

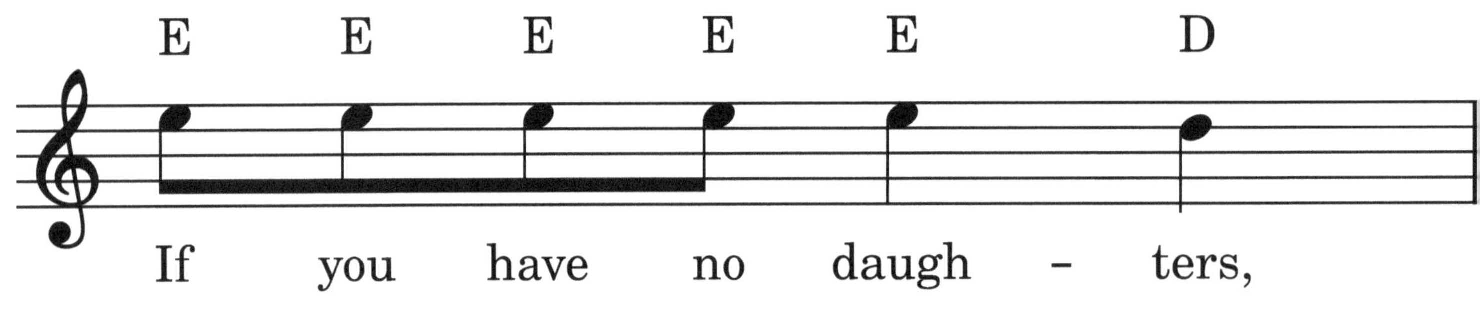

E   E   E   E   E   D
If you have no daugh - ters,

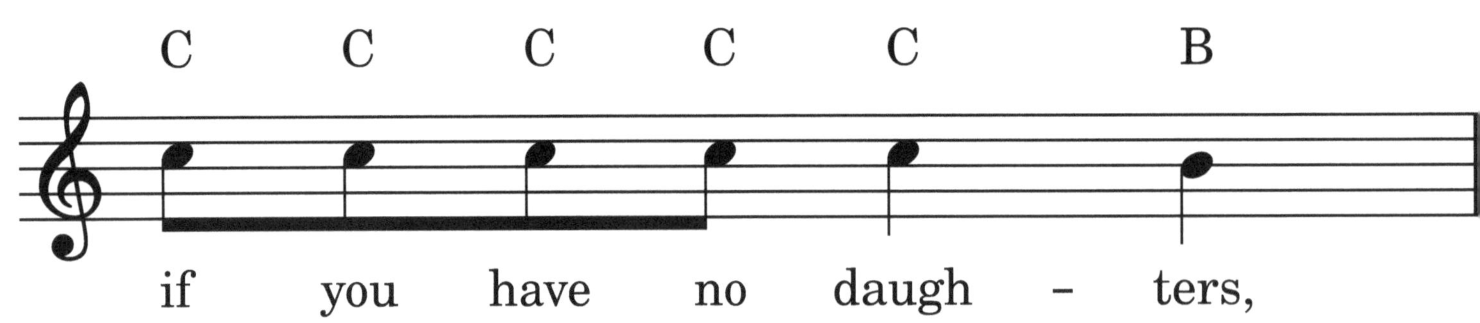

C   C   C   C   C   B
if you have no daugh - ters,

A A A A A G
if you have no daugh - ters,
A B C A D
give them to your sons.
G G G C C C
But if you have none of these
D E D C C C G F E D C D E F
the-se lit tle elves, then yo-u mu-st e-at th-em
G G C G C
all your - selves.

Hush, Little Baby

A   G   E   E   E   F

1.   Hush,   lit – tle   ba   –   by,
2. And   if   that   dia – mond
3. And   if   that   bil – ly
4. And   if   that   dog   named

E D D D   G D D D D   D E

don't say a word,   Pop-pa's gon-na buy   you a
ring   is   brass,   Pop-pa's gon-na buy   you a
goat don't   pull,   Pop-pa's gon-na buy   you a
Ro – ver don't bark,   Pop-pa's gon-na buy   you a

D   C   C   A   G   E   E   F

mock – ing – bird   If   that mock – ing –
look – ing   glass. And if   that look – ing
cart and   bull. And   if   that cart and
horse and   cart. And   if   that horse and

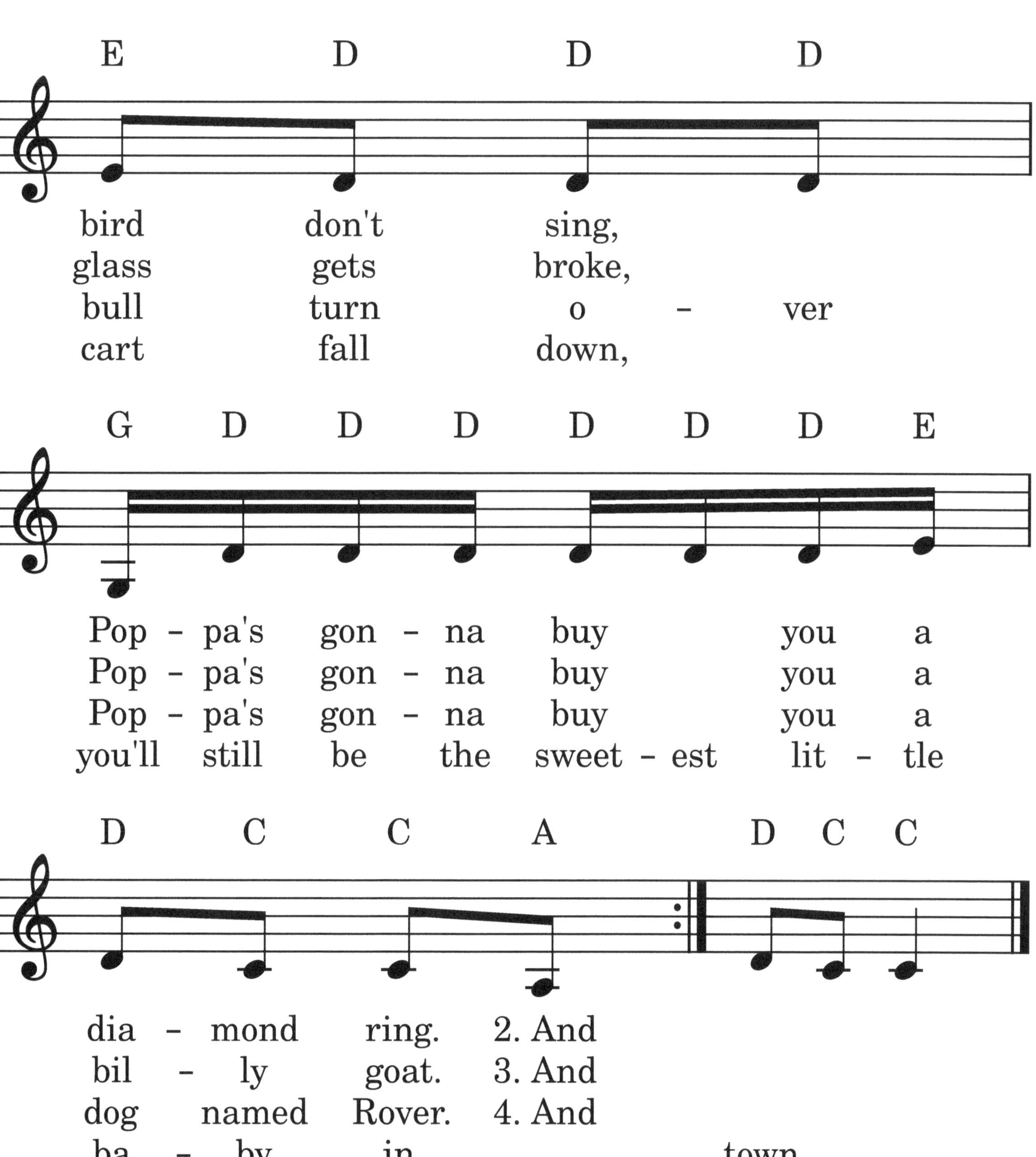

E   D   D   D
bird   don't   sing,
glass   gets   broke,
bull   turn   o - ver
cart   fall   down,

G   D   D   D   D   D   D   E
Pop - pa's   gon - na   buy   you   a
Pop - pa's   gon - na   buy   you   a
Pop - pa's   gon - na   buy   you   a
you'll   still   be   the   sweet - est   lit - tle

D   C   C   A   D   C   C
dia - mond   ring.   2. And
bil - ly   goat.   3. And
dog   named   Rover.   4. And
ba - by   in   town.

I'm A Little Teapot

G G G F D C C C D E F G C
A C G F F G E E D D E C

C D E F G C A C G C A G G F

E D C E F C A G G F E D C E F

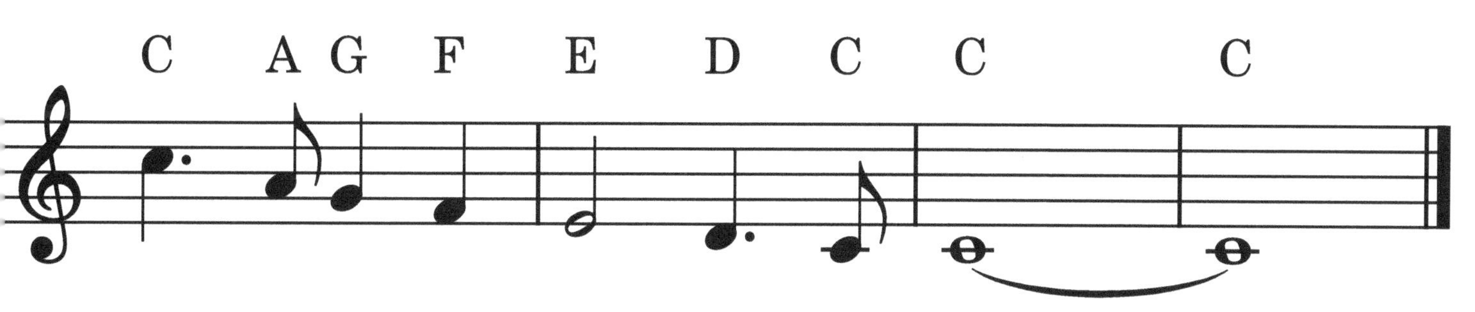

C A G F E D C C C

Itsy Bitsy Spider

C F F F G A A A
An it - sy bit - sy spi - der ran

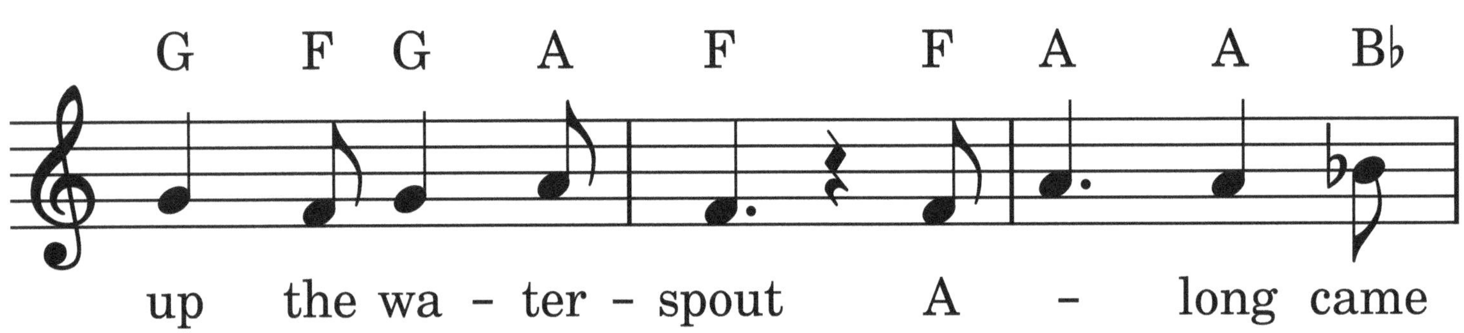

G F G A F F A A Bb
up the wa - ter - spout A - long came

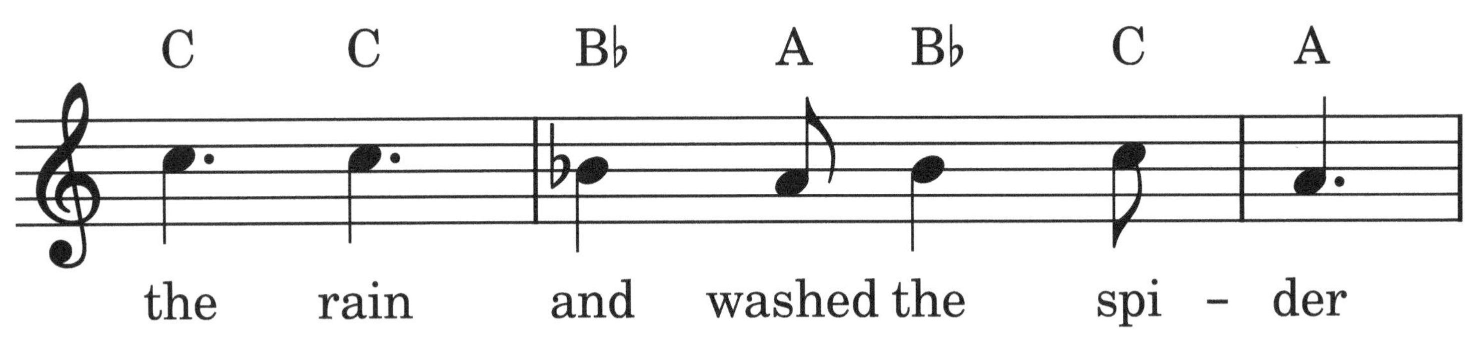

C C Bb A Bb C A
the rain and washed the spi - der

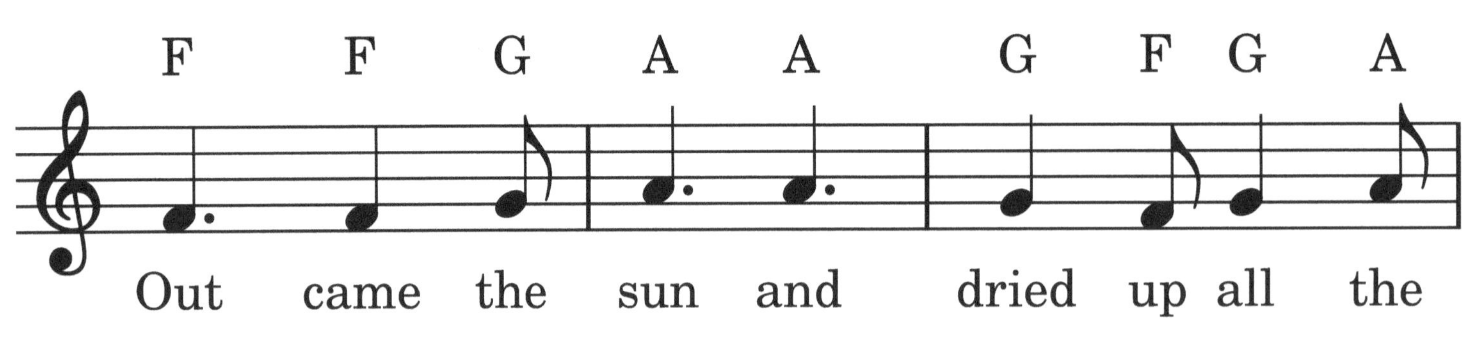

F F G A A G F G A
Out came the sun and dried up all the

F   C   C   F   F F G   A   A   A
rain,   and   the   it – sy bit – sy   spi – der   ran

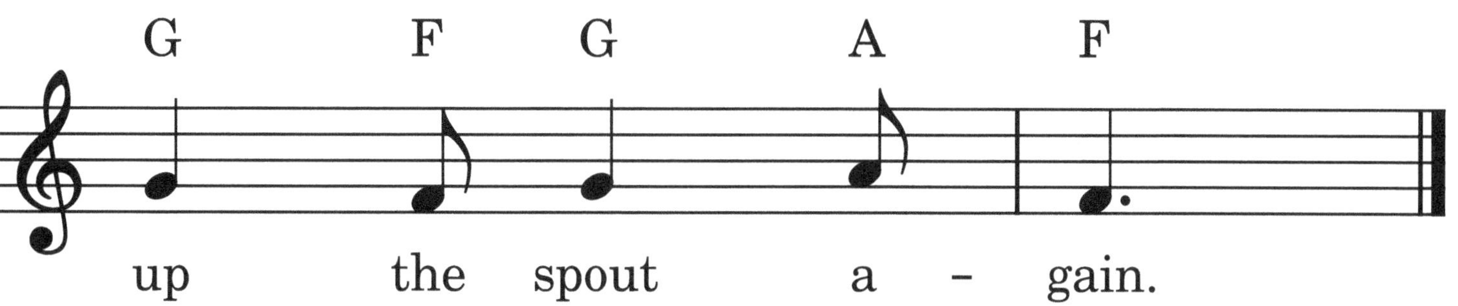

G   F   G   A   F
up   the   spout   a –   gain.

Joy to the World

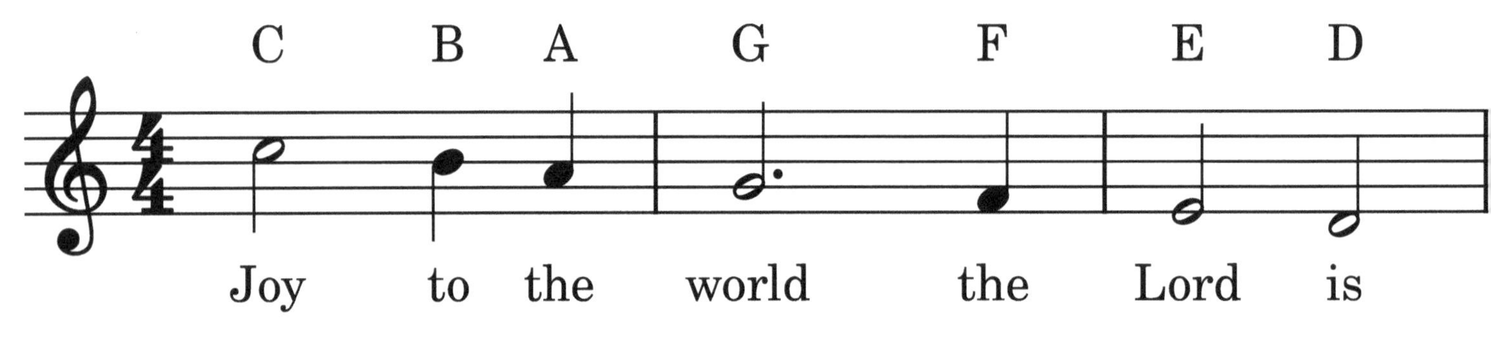

C B A G F E D
Joy to the world the Lord is

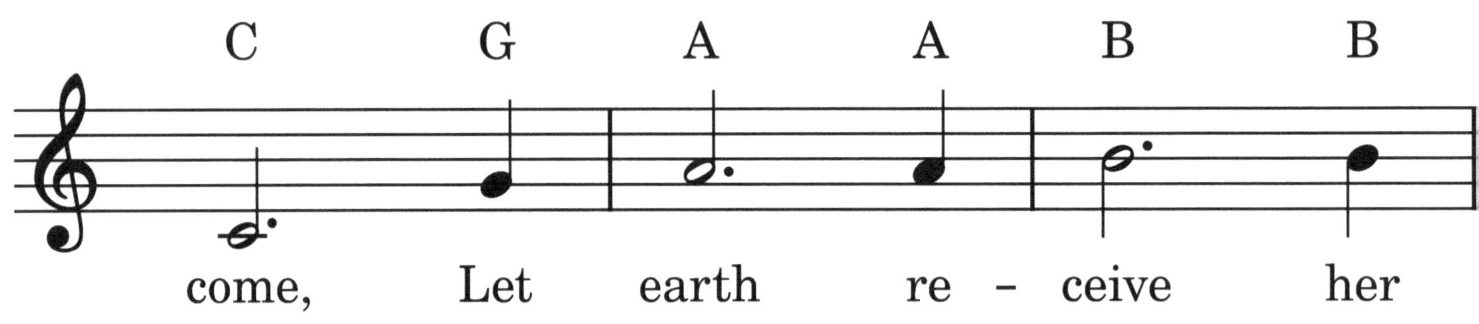

C G A A B B
come, Let earth re - ceive her

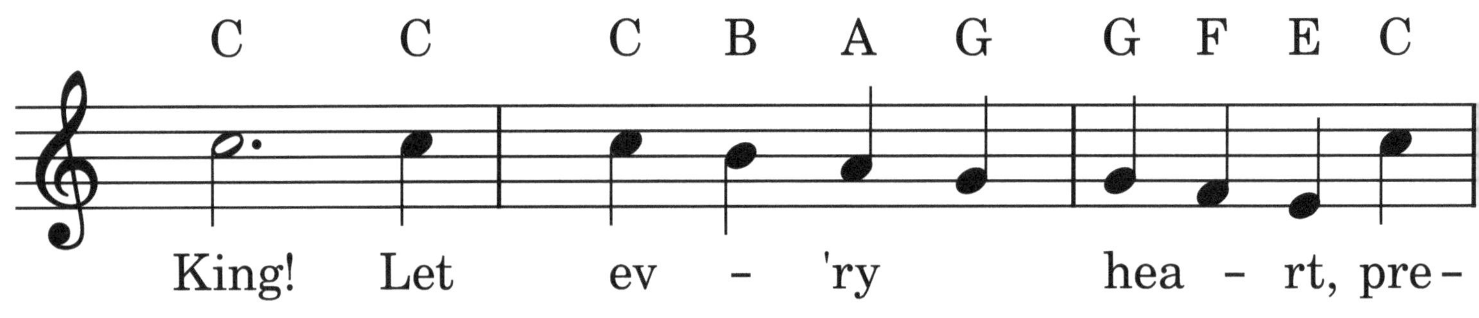

C C C B A G G F E C
King! Let ev - 'ry hea - rt, pre-

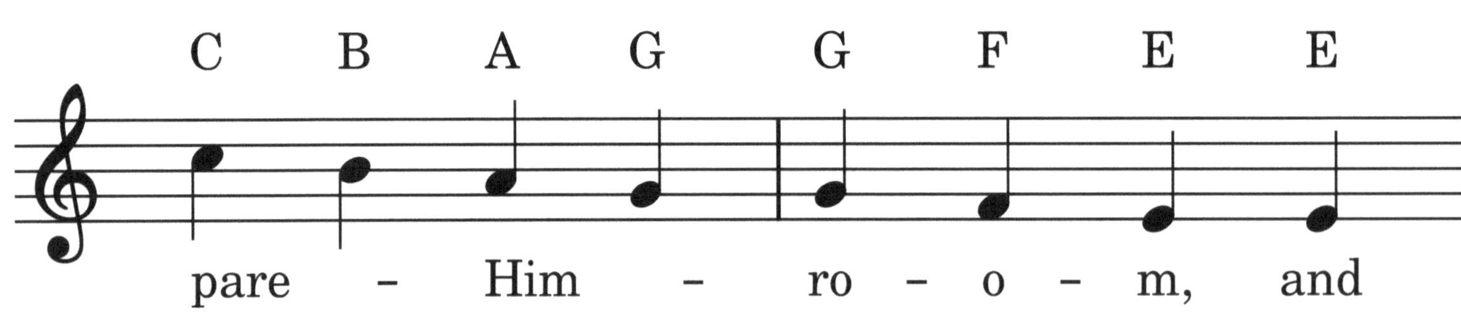

C B A G G F E E
pare - Him - ro - o - m, and

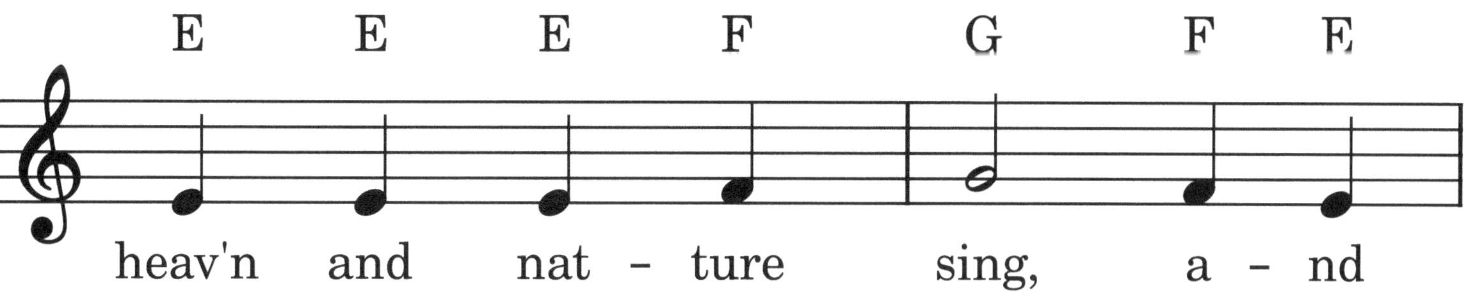

E E E F G F E
heav'n and nat - ture sing, a - nd

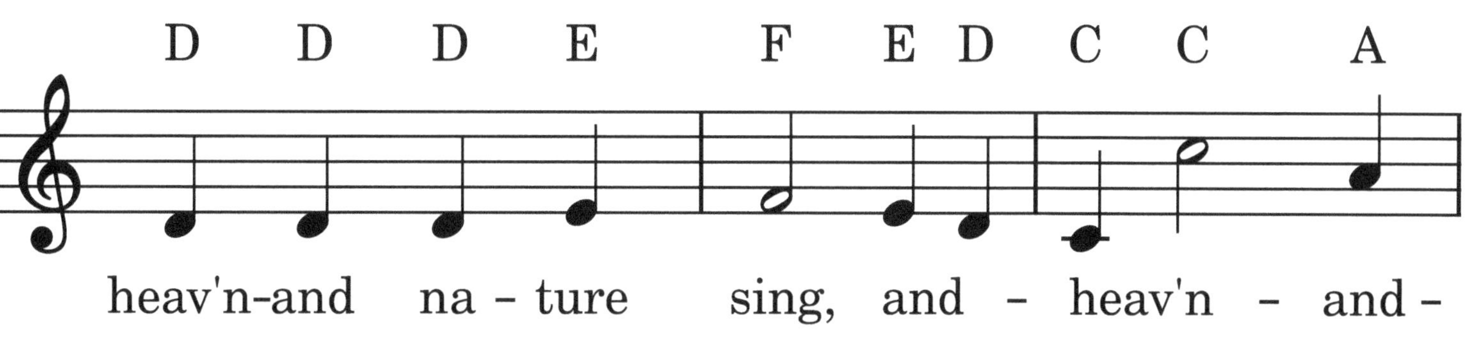

D D D E F E D C C A
heav'n-and na - ture sing, and - heav'n - and -

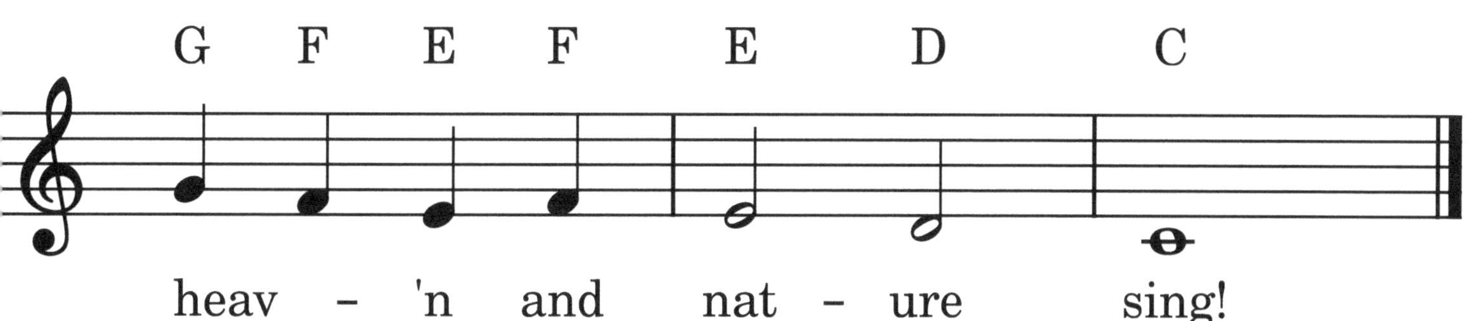

G F E F E D C
heav - 'n and nat - ure sing!

Oh! Susanna

D E F# A A B A F# D E
Oh, I come from A - la - ba - ma with a
Oh, it rained all night the day I left, the

F# F# E D E D E
ban - jo on my knee! I am
wea - ther it was dry. And the

F# A A B A F# D E
goin' to Loui - si - a na, oh my
sun so hot I froze to death, Su -

F# F# E E D G G B B B
true love for to see. Oh Su - sa-nna! Oh
sa - nnah don't you cry.

A A F# E D E F# A A B
don't you cry me! For I come from A - la-

A F# D E F# F# E E D
ba - ma with a ban - jo on my knee.

Old Macdonald Had A Farm

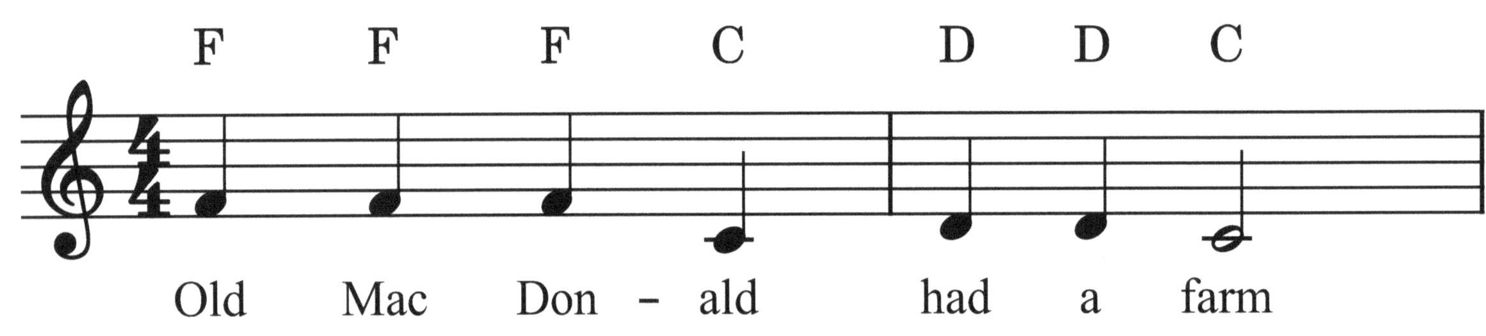

F   F   F   C   D   D   C
Old   Mac   Don – ald   had   a   farm

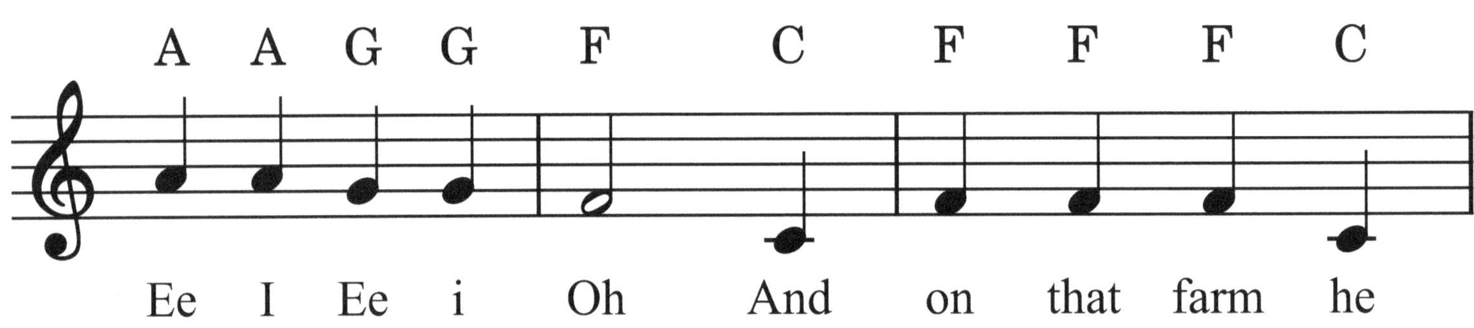

A   A   G   G   F   C   F   F   F   C
Ee   I   Ee   i   Oh   And   on   that   farm   he

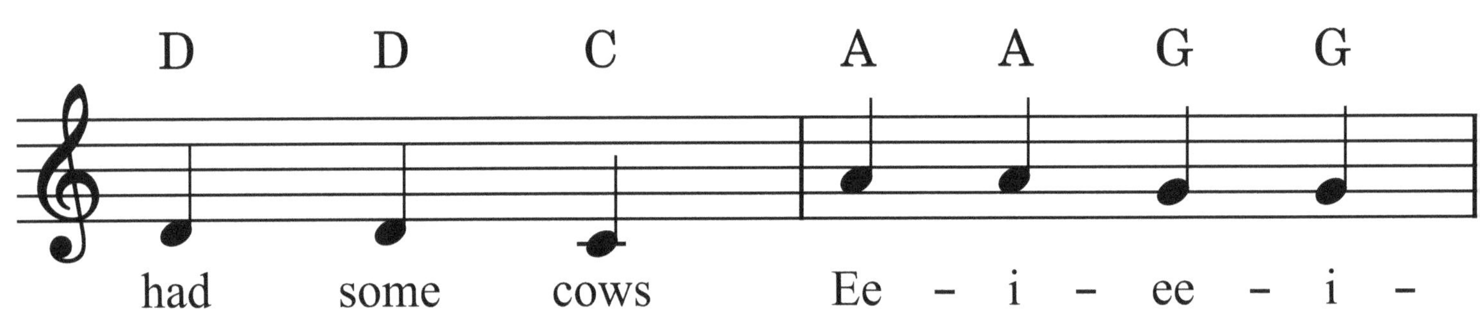

D   D   C   A   A   G   G
had   some   cows   Ee – i – ee – i –

F   C   C   F   F   F   C   C
oh   With   a   moo   moo   here   and   a

F F F F F F F F F
moo moo there Here a moo There a moo

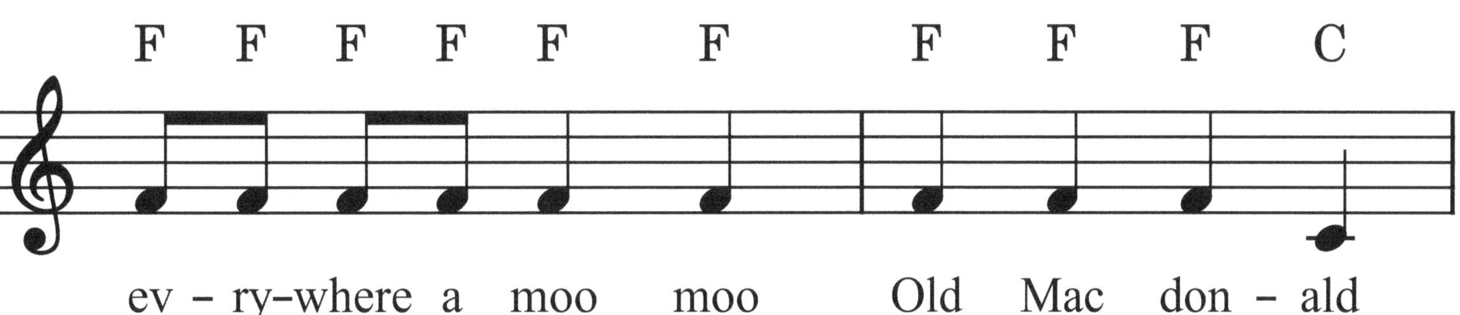

F F F F F F F F F C
ev – ry-where a moo moo Old Mac don – ald

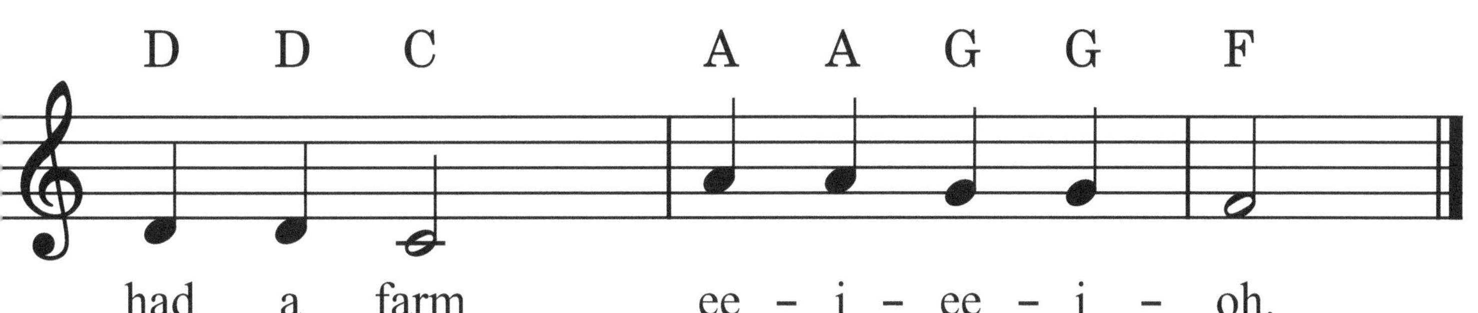

D D C A A G G F
had a farm ee – i – ee – i – oh.

Polly Put the Kettle On

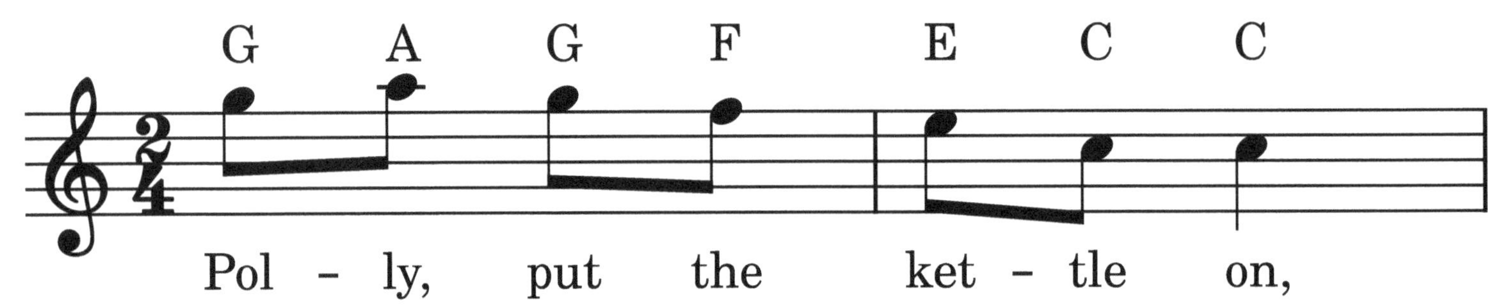

G A G F E C C
Pol - ly, put the ket - tle on,

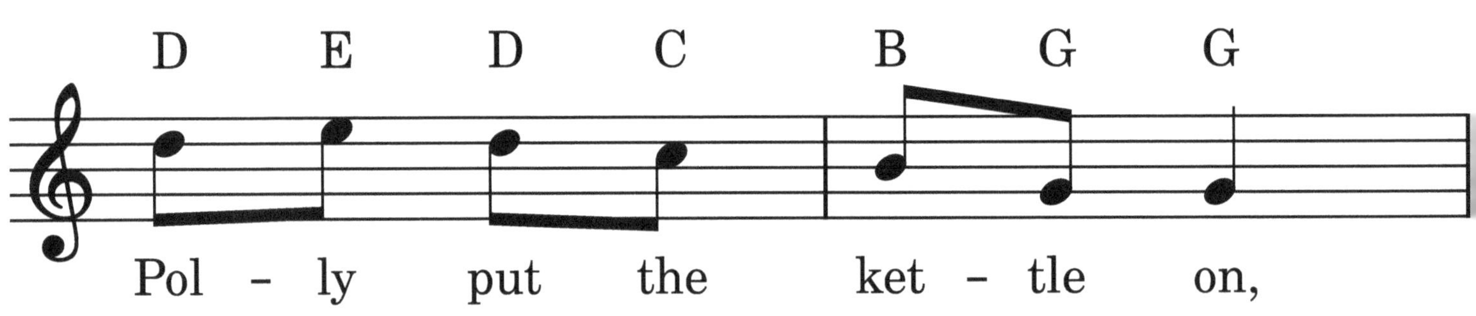

D E D C B G G
Pol - ly put the ket - tle on,

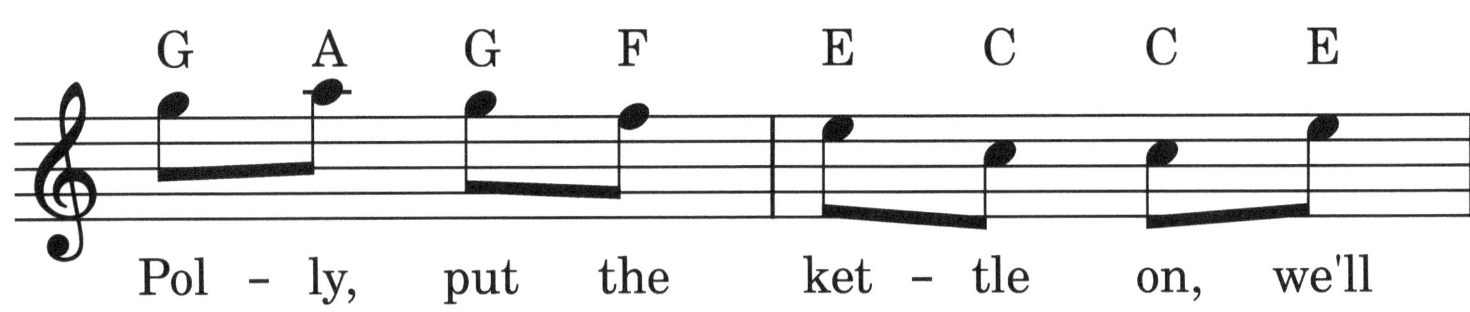

G A G F E C C E
Pol - ly, put the ket - tle on, we'll

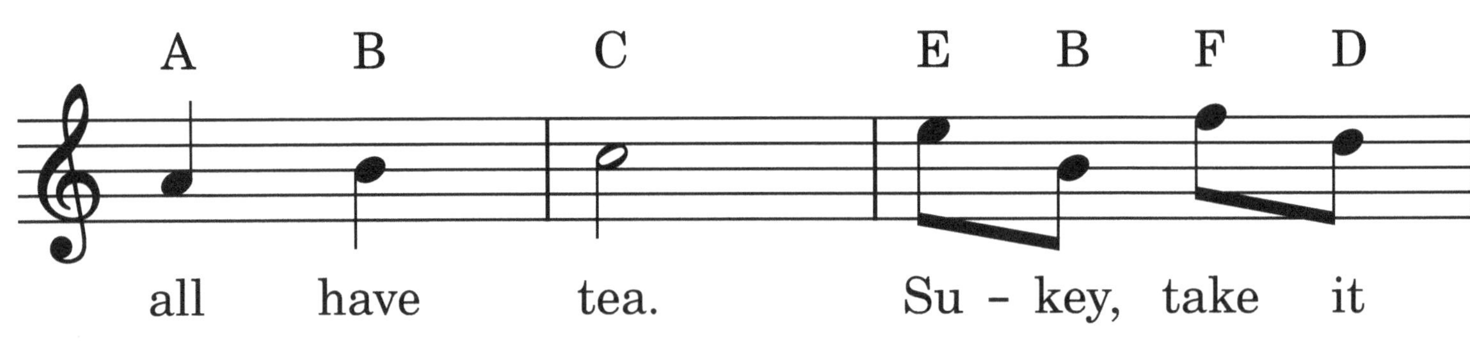

A B C E B F D
all have tea. Su - key, take it

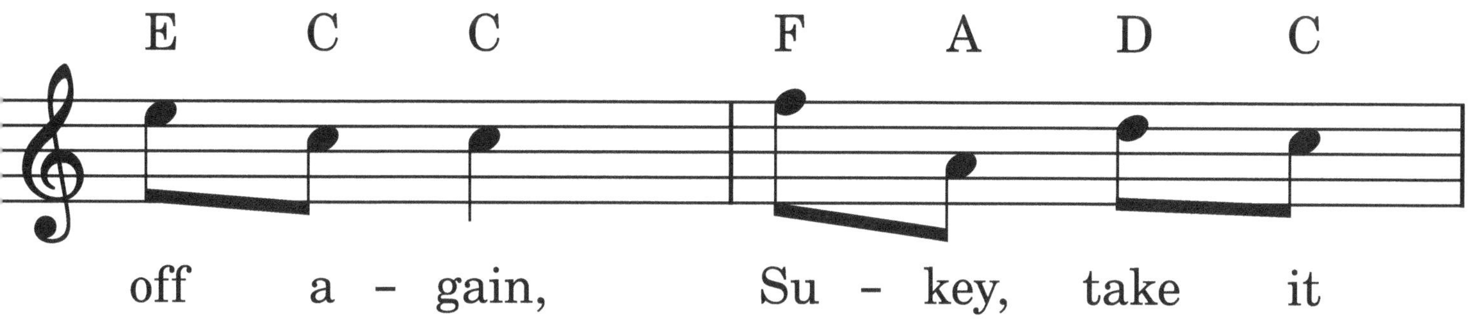

E   C   C   F   A   D   C
off   a - gain,   Su - key,   take   it

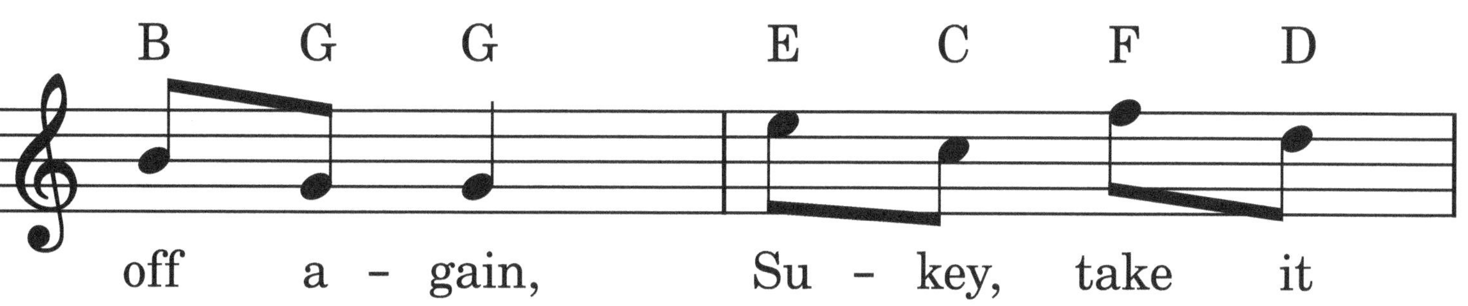

B   G   G   E   C   F   D
off   a - gain,   Su - key,   take   it

E   C   C   E   A   B   B   C
off   a - gain, they've   all   gone a - way.

Silent Night

G A G E G A G E
Si - lent night, ho - ly night;
D D B C C G
all is calm; all is bright.
A A C B A G A G
'Round yon Vir - gin Mo - ther and
E A A C B A G A G
Child. Ho - ly in - fant so ten - der and

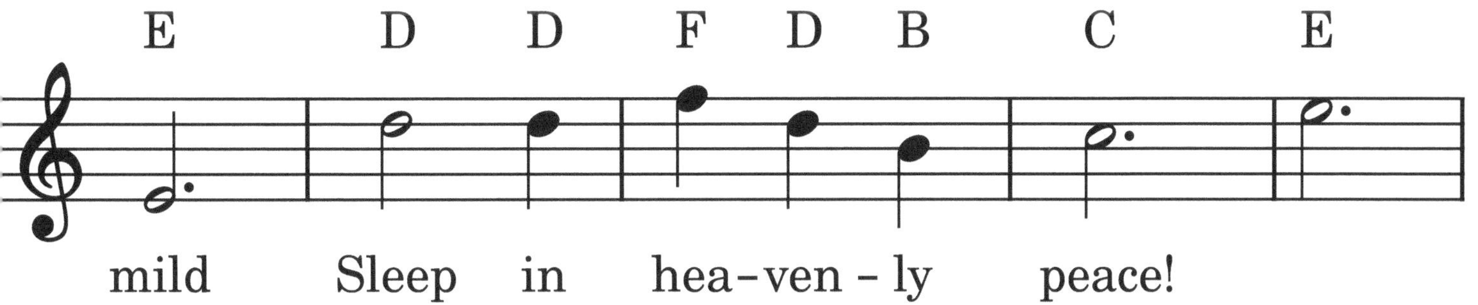

E   D   D   F   D   B   C   E
mild   Sleep   in   hea-ven - ly   peace!

C   G   E   G   F   D   C   C
Sle - elp   in   hea - ven-ly   peace!

Skip To My Lou

E   E   C   C   E   E E A
Choose your part - ners,   skip   to my Lou,

D   D   B   B   D   D D G
Choose your part - ners,   skip   to my Lou,

E   E   C   C   E   E E A
Choose your part - ners,   skip   to my Lou,

E   F G F   E   C   C
Skip   to my Lou, my   dar - lin.

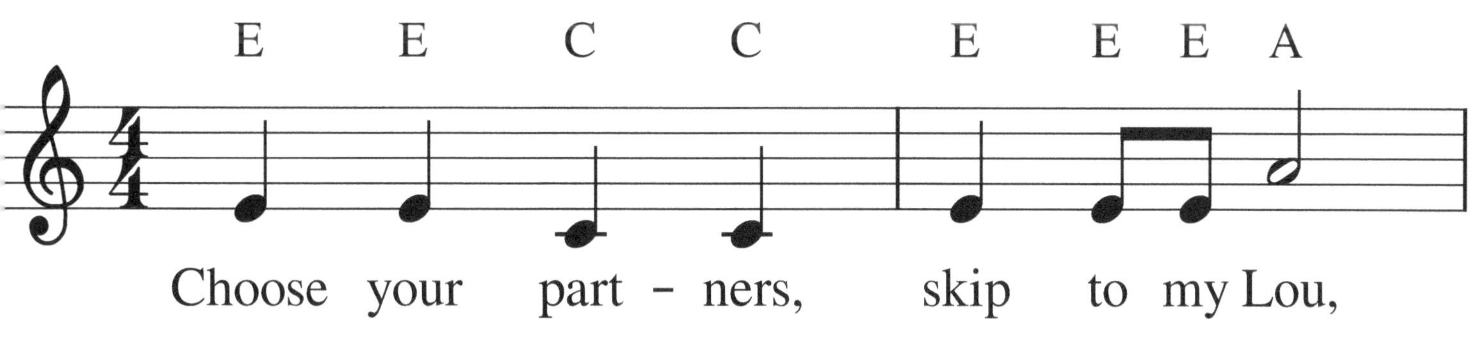

E   E   C   C   E   E E A
Choose your part – ners,   skip to my Lou,

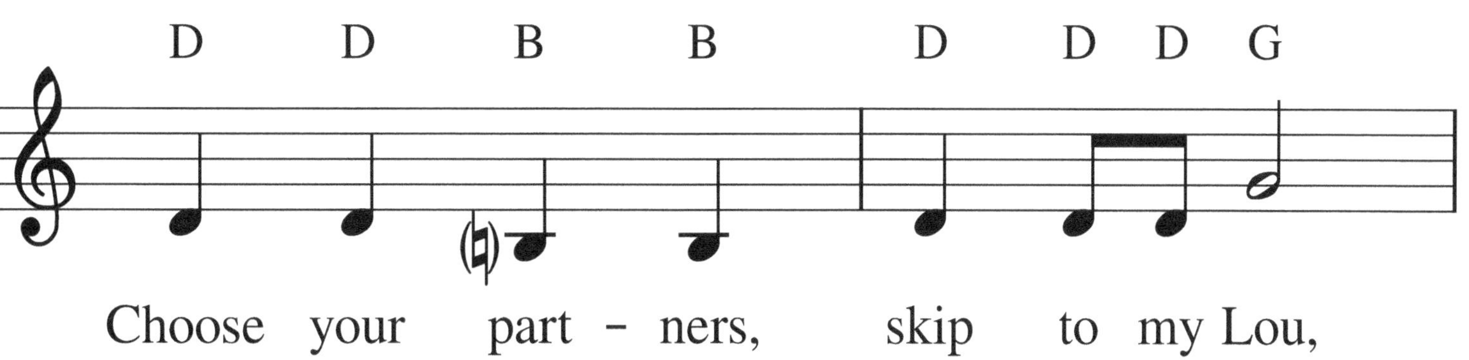

D   D   B   B   D   D D G
Choose your part – ners,   skip to my Lou,

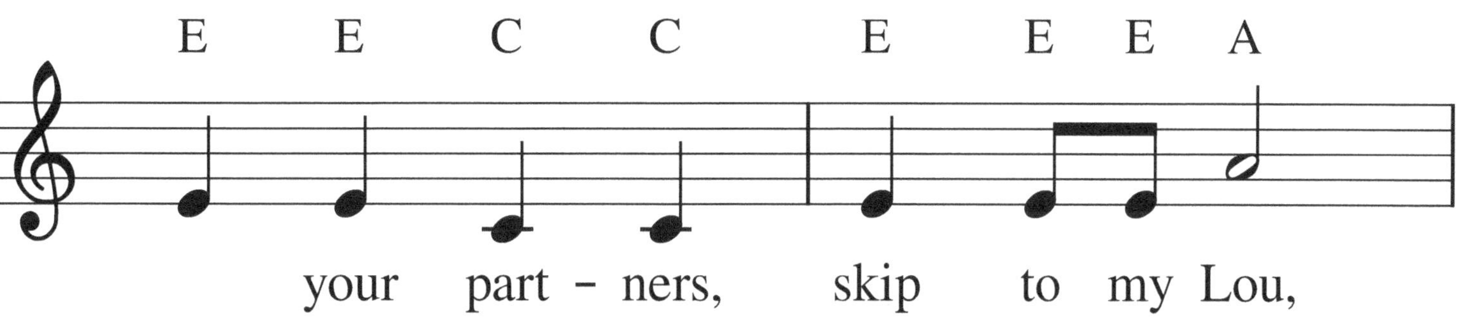

E   E   C   C   E   E E A
your part – ners,   skip to my Lou,

E   F G F#   E   C   C
Skip to my Lou, my   dar – lin.

Take Me Out To The Ballgame

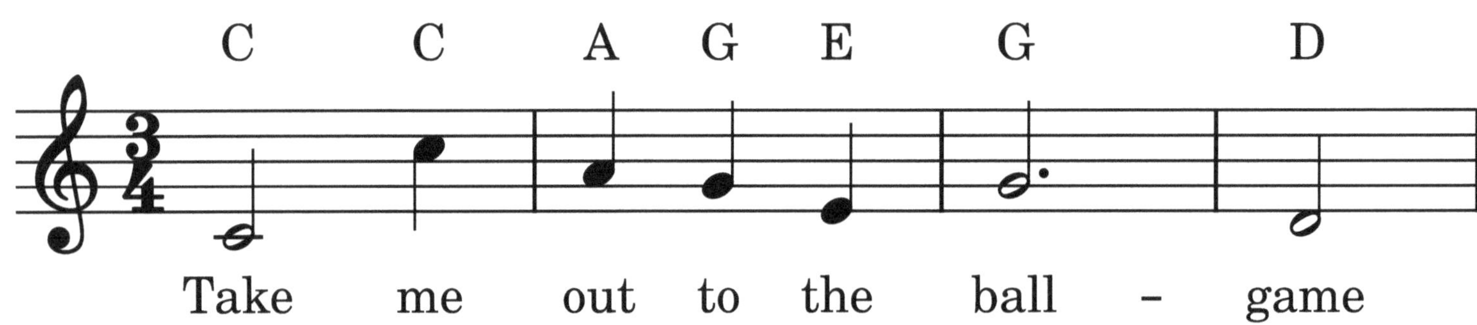

C   C   A   G   E   G   D
Take   me   out   to   the   ball - game

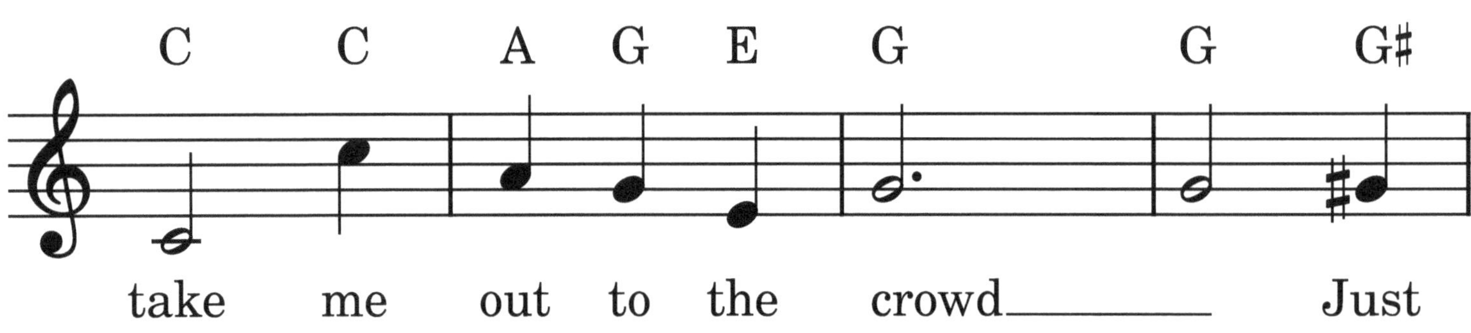

C   C   A   G   E   G   G   G#
take   me   out   to   the   crowd_______   Just

A   G#   A   E   F   G   A   F   D
buy   me   some   pea-nuts   and   Crack - er   Jack;

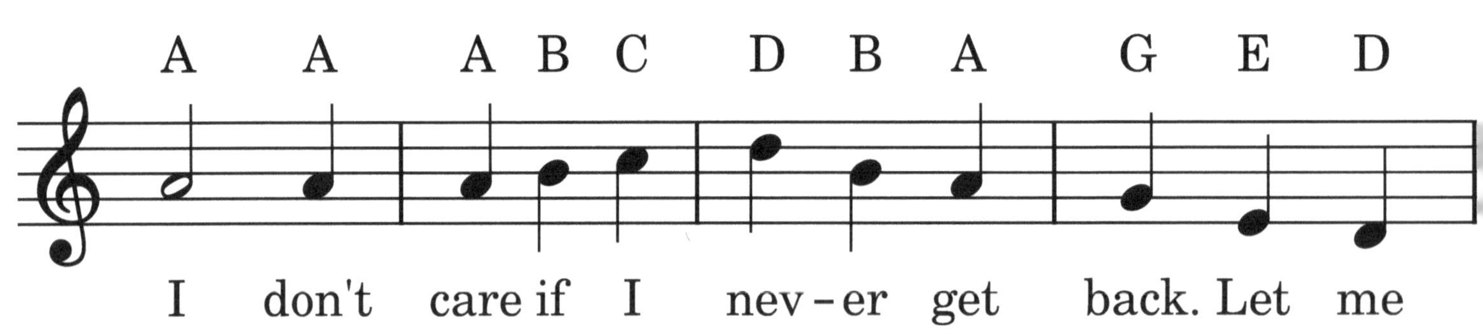

A   A   A B C   D B A   G   E   D
I   don't   care if I   nev-er   get   back. Let   me

C C A G E G D D
root, root root for the home team, If
C D E F G A A B
they don't win, it's a shame. For it's
C C C B A G F# G
one, two, three strikes you're out! at the
A B C C
old ball game!

The Muffin Man

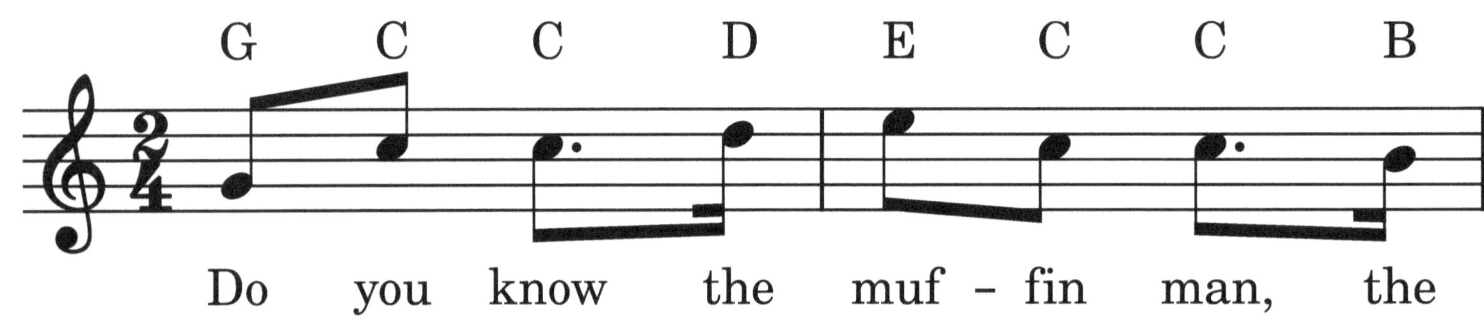

G   C   C   D   E   C   C   B
Do   you   know   the   muf - fin   man,   the

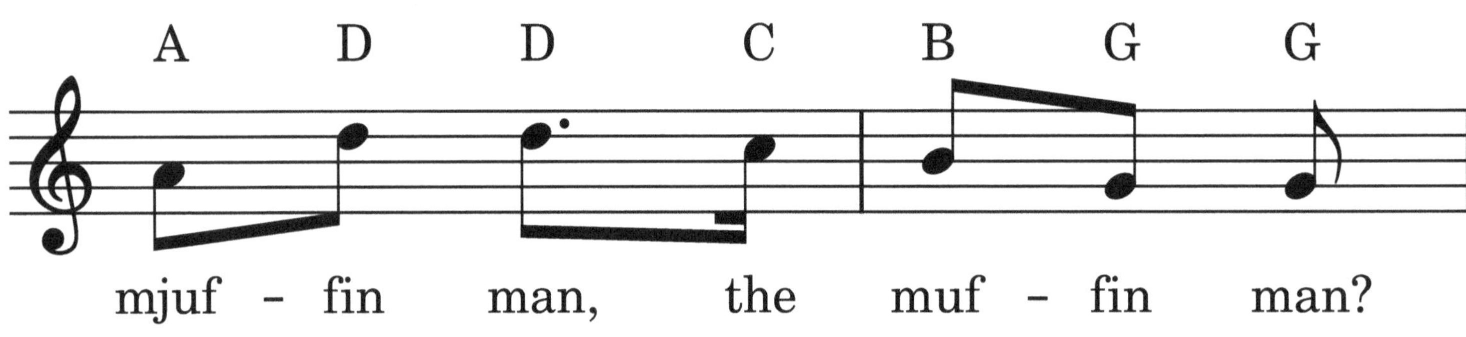

A   D   D   C   B   G   G
mjuf - fin   man,   the   muf - fin   man?

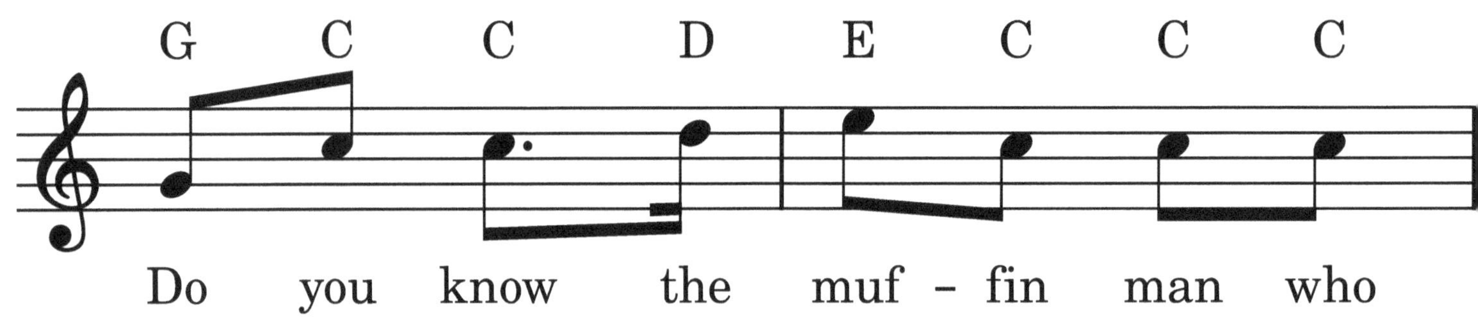

G   C   C   D   E   C   C   C
Do   you   know   the   muf - fin   man   who

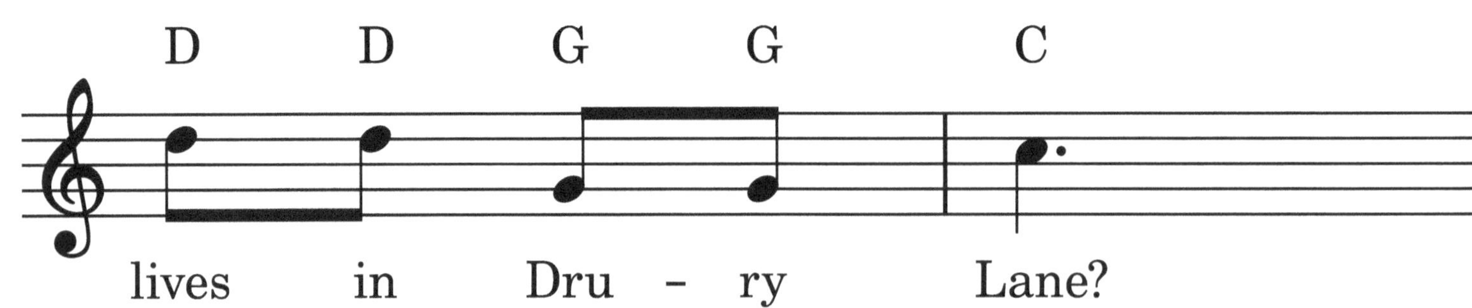

D   D   G   G   C
lives   in   Dru - ry   Lane?

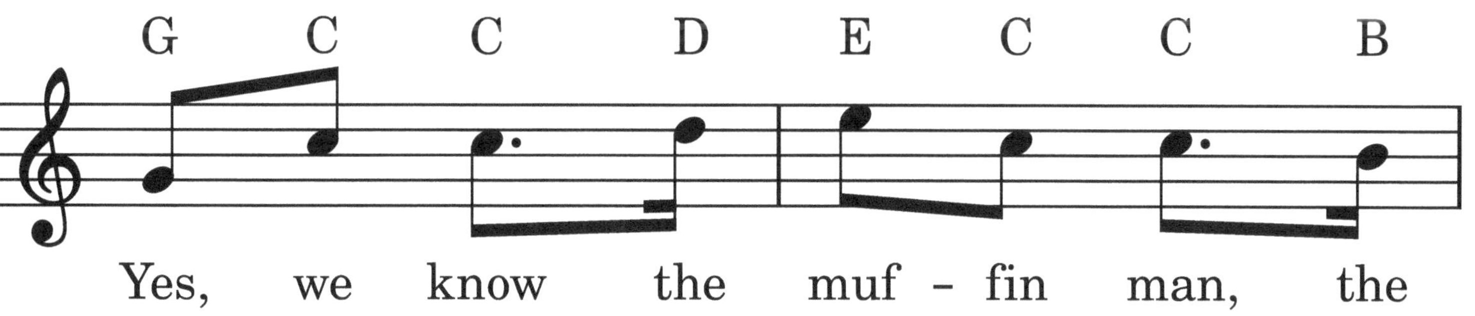

G C C D E C C B
Yes, we know the muf - fin man, the

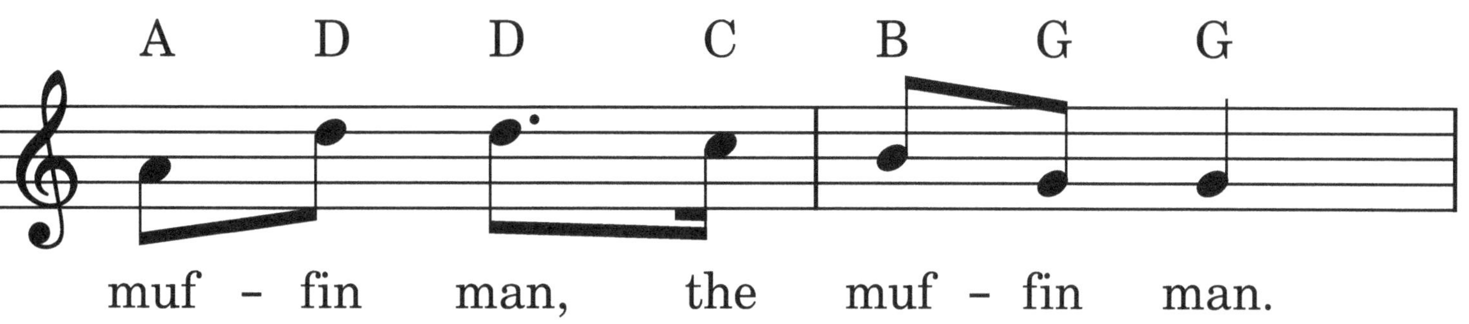

A D D C B G G
muf - fin man, the muf - fin man.

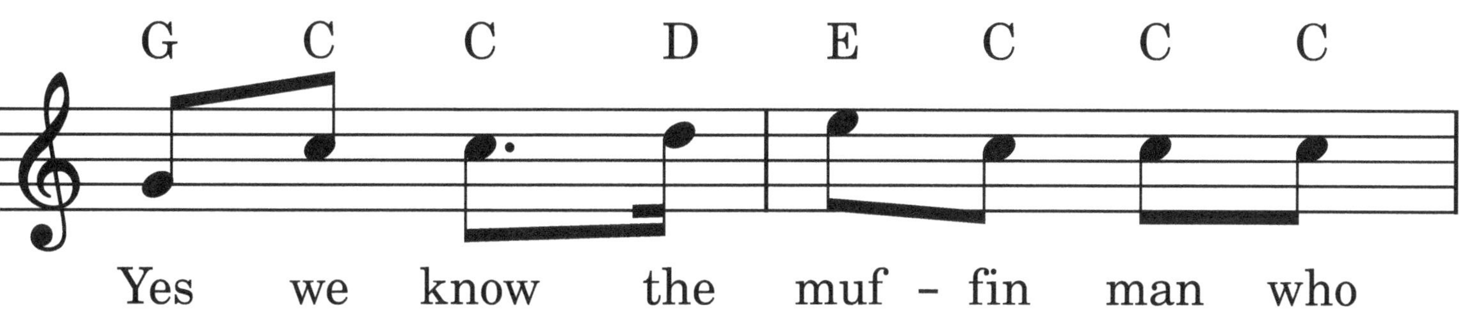

G C C D E C C C
Yes we know the muf - fin man who

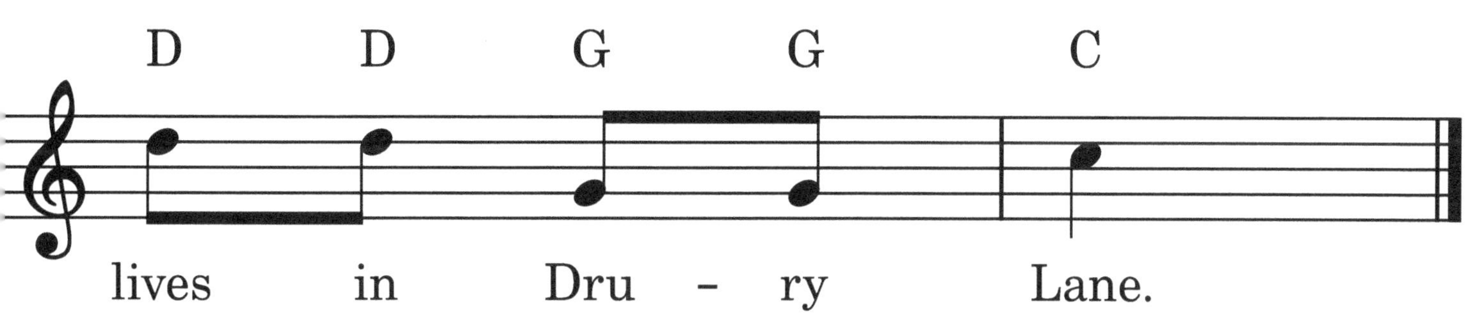

D D G G C
lives in Dru - ry Lane.

The Three Blind Mice

G   F   E♭   G   F
Three   blind   mice,   three   blind
E♭   B♭   A♭   A♭   G
mice;   See   how   they   run;
B♭   A♭   A♭   G   B♭
see   how   they   run;   They
E♭   E♭   D   C   D   E♭   B♭   B♭   B♭
all   ran   aft - er   the   farm - er's   wife,   She

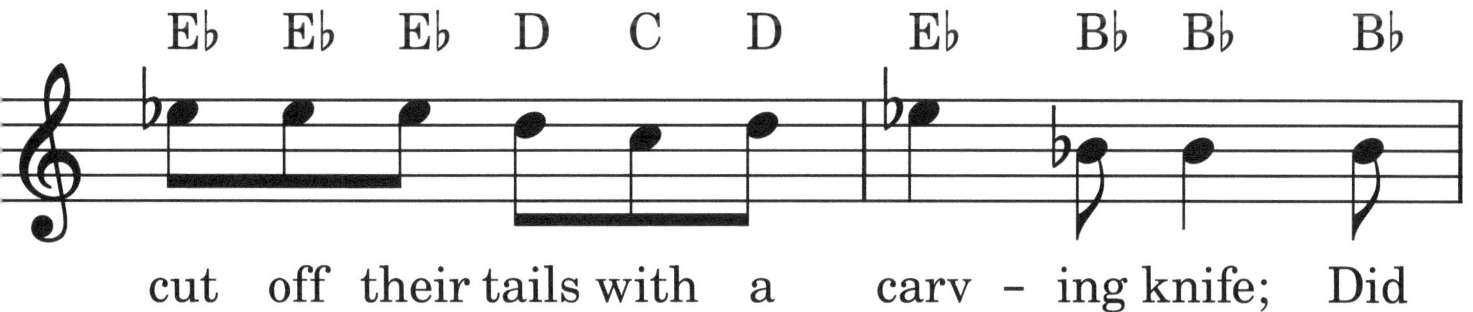

E♭ E♭ E♭ D C D   E♭ B♭ B♭ B♭
cut off their tails with a   carv - ing knife; Did

E♭ E♭ E♭ D C D   E♭ B♭ B♭ B♭ A♭
ev - er you see such a   sight in your life   As

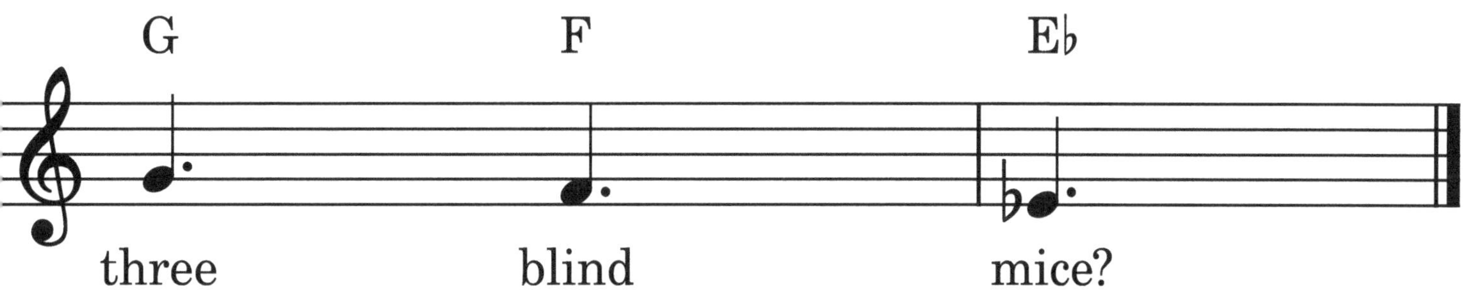

G   F   E♭
three   blind   mice?

We Wish You A Merry Christmas

D   G   G   A   G   F#
We   wish   you   a   mer – ry

E   E   E   A   A   B   A   G
Christ – mas,   we   wish   you a mer – ry

F#   D   D   B   B   C   B   A
Christ – mas,   we   wish   you a mer – ry

G   E   D   D   E   A   F#   G
Christ – mas   and a   hap – py   New   Year.

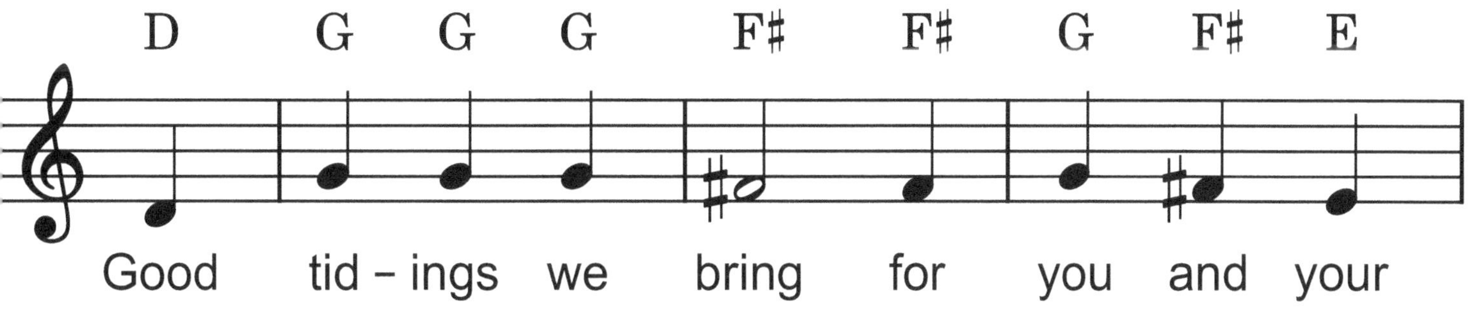

D G G G F# F# G F# E
Good tid – ings we bring for you and your

D A B A A G G D D D D
kin. We wish you a mer–ry Christ–mas and a

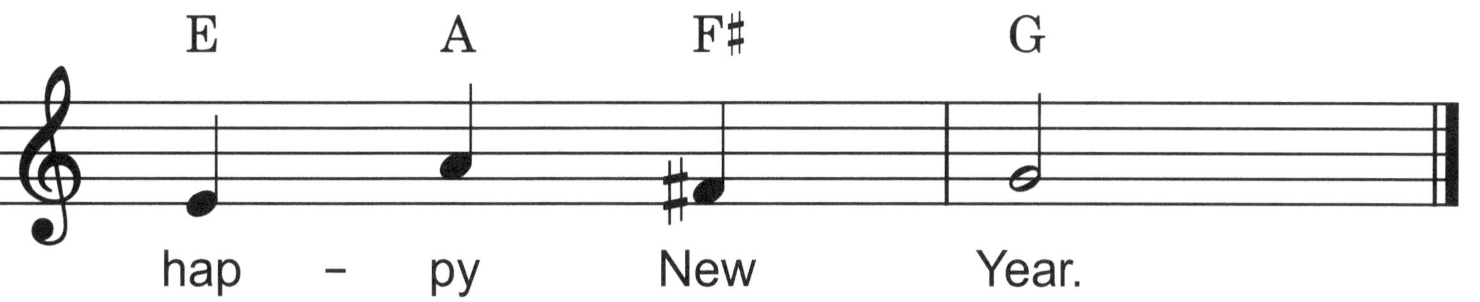

E A F# G
hap – py New Year.

White Christmas

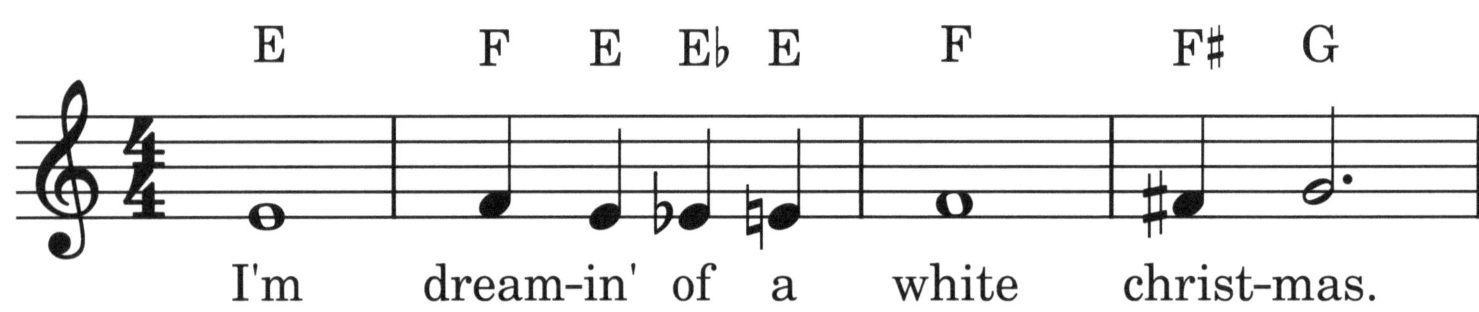

E   F E E♭ E   F   F♯ G
I'm   dream-in' of a   white   christ-mas.

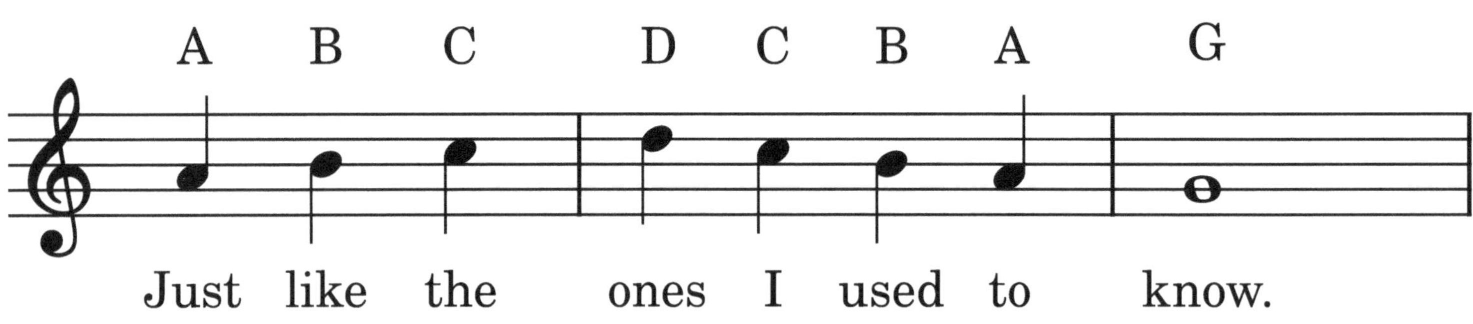

A   B   C   D   C   B   A   G
Just like the   ones I used to   know.

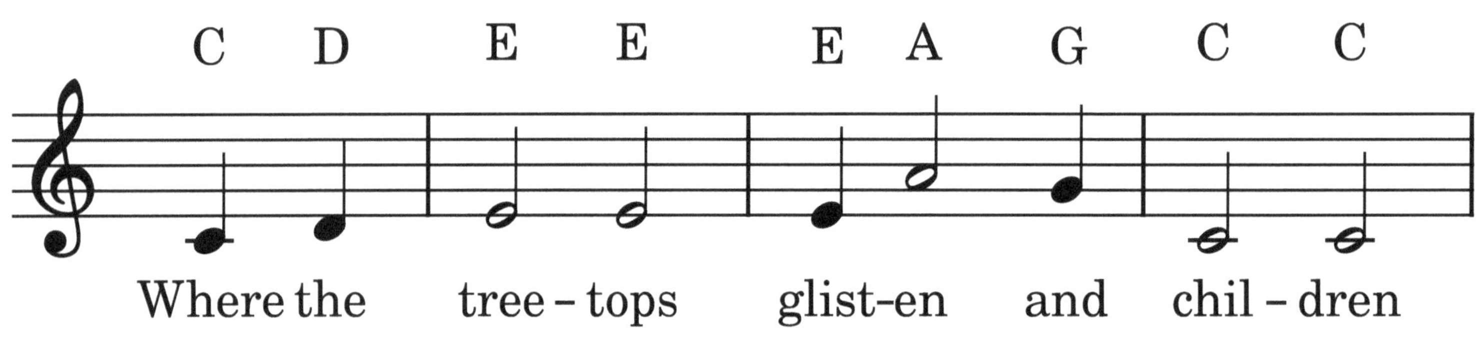

C   D   E   E   E   A   G   C   C
Where the   tree – tops   glist-en   and   chil – dren

C G F   E   F   E D C   D   D
list-en, to   hear   sleigh-bells in the   snow.

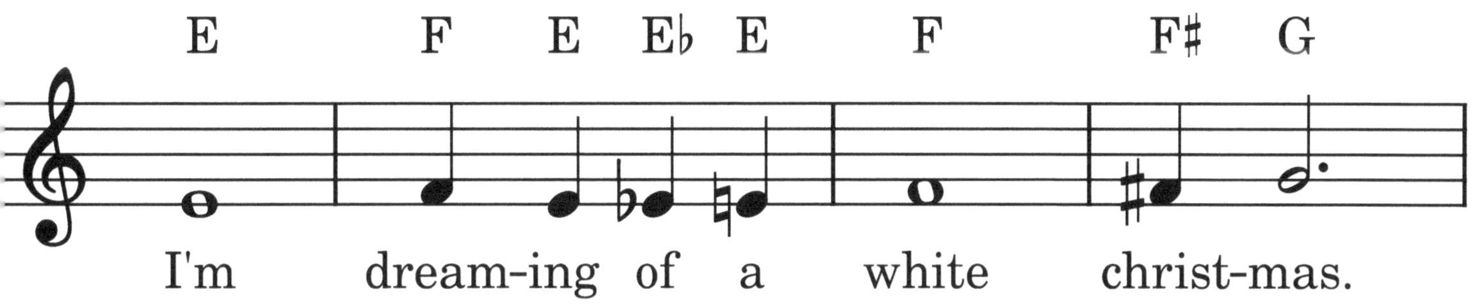

E   F   E Eb E   F   F# G
I'm dream-ing of a white christ-mas.

A B C   D C B A   G
With e - very christ-mas card I   write.

C D   E E   E A G   C   C D
"May your days be mer-ry and bright! And may

E   E   A B B B   C
all your Christ-mas - es be   white."

Yankee Doodle

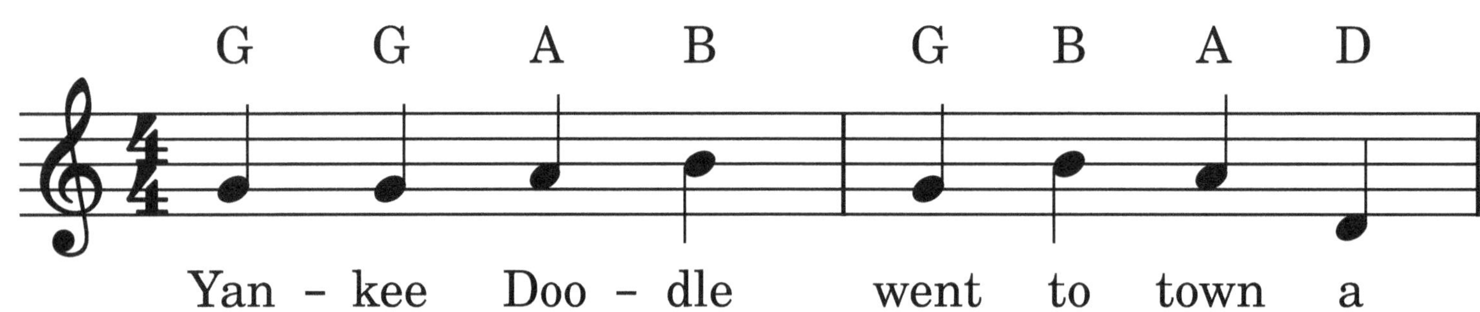

G G A B G B A D
Yan - kee Doo - dle went to town a

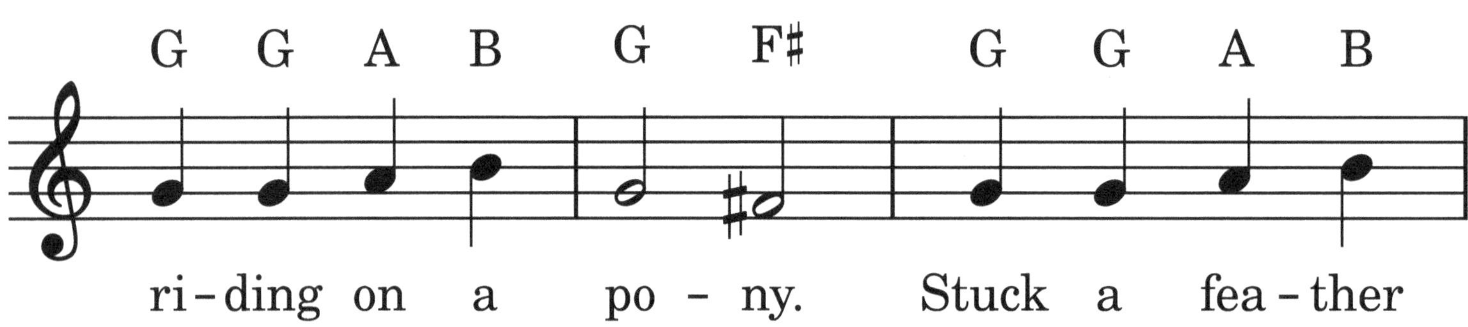

G G A B G F# G G A B
ri - ding on a po - ny. Stuck a fea - ther

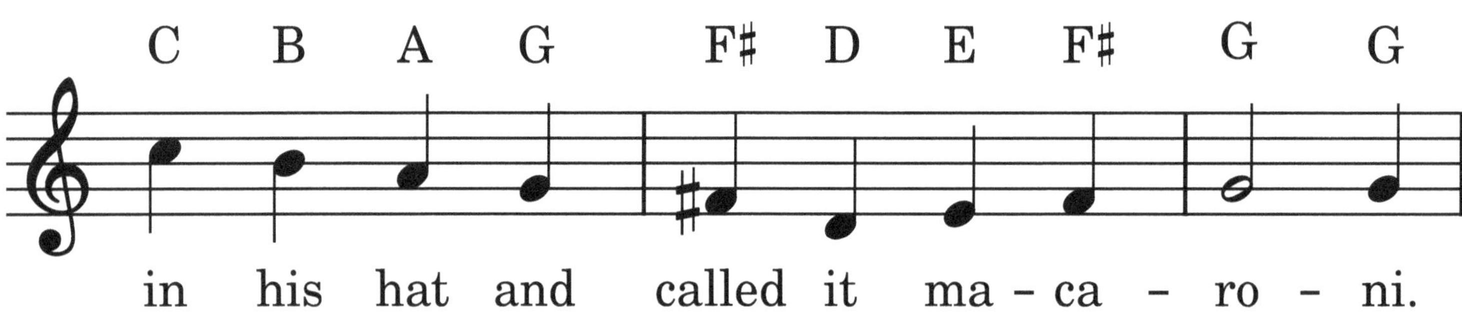

C B A G F# D E F# G G
in his hat and called it ma - ca - ro - ni.

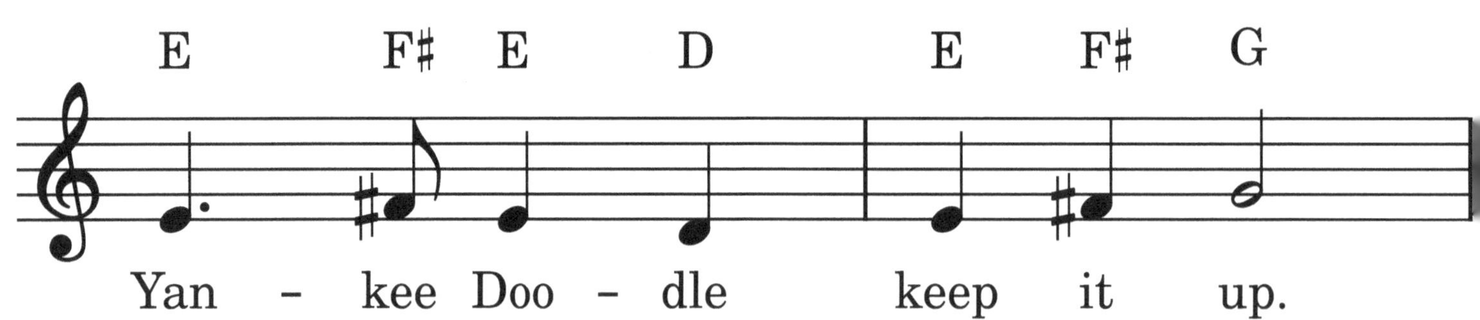

E F# E D E F# G
Yan - kee Doo - dle keep it up.

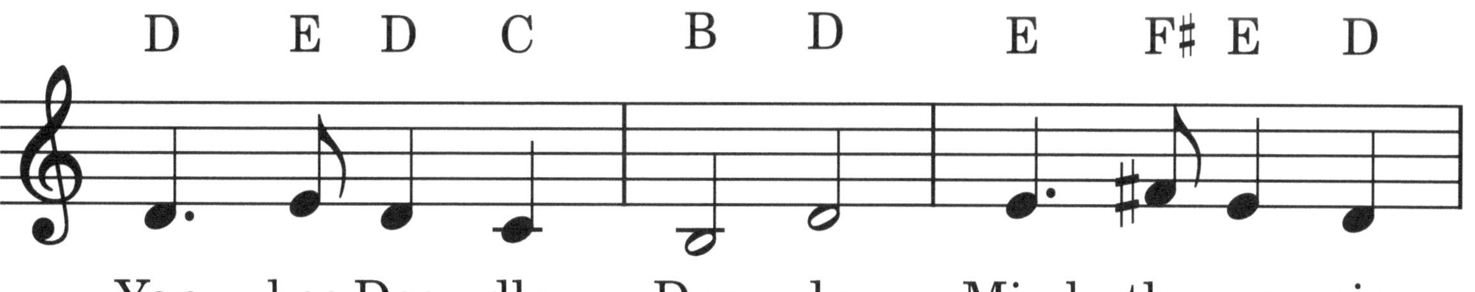
D   E   D   C   B   D   E   F# E   D
Yan - kee Doo - dle   Dan - dy.   Mind   the mu - sic

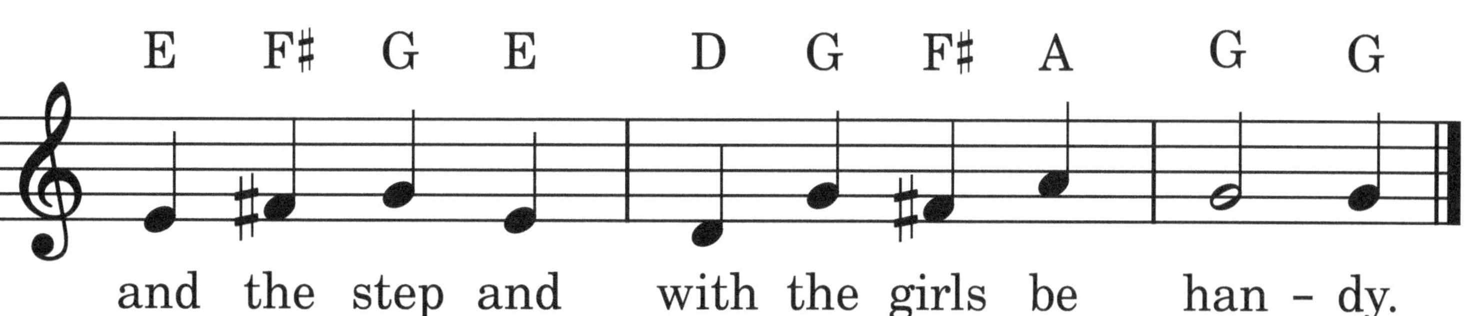
E   F# G   E   D   G   F# A   G   G
and   the   step   and   with   the   girls   be   han - dy.

You Are My Sunshine

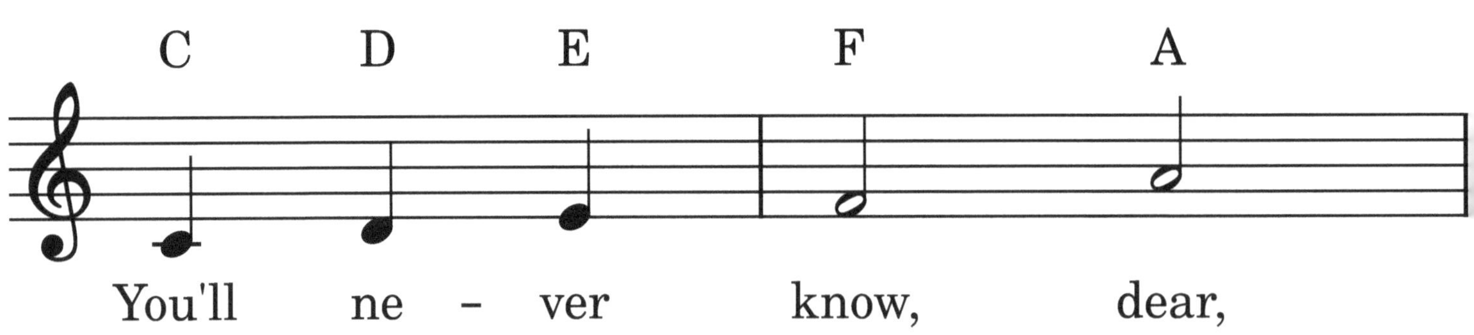

C C D E   E   E D E
You are my sun - shine, my on - ly

C   C   C D E
sun - shine. You make me

F   A   A G F E
hap - py, when skies are grey.

C D E   F   A
You'll ne - ver know, dear,

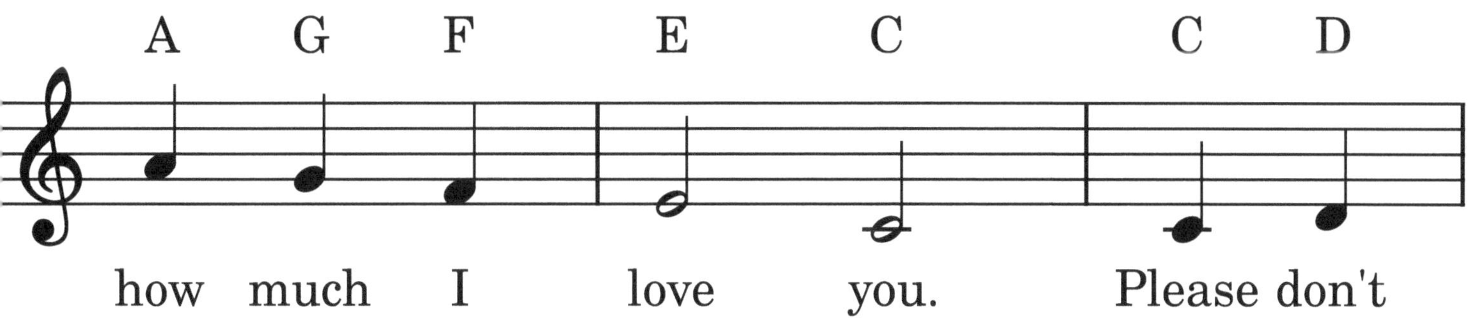

A G F E C C D
how much I love you. Please don't

E F D D E C
take my sun - shine a - way.

She'll Be Coming Round the Mountain

D   E   G   G   G   G
She'll   be   com - ing   'round   the

E   D   B   D   G   G   A
moun - tain   when   she   comes.   She'll be

B   B   B   B   D   B   A   G   A
com - ing 'round the   moun-tain when she   comes.

D   C   B   B   B   B   A   G   G   G
She'll be   com - ing 'round the   moun-tain, she'll be

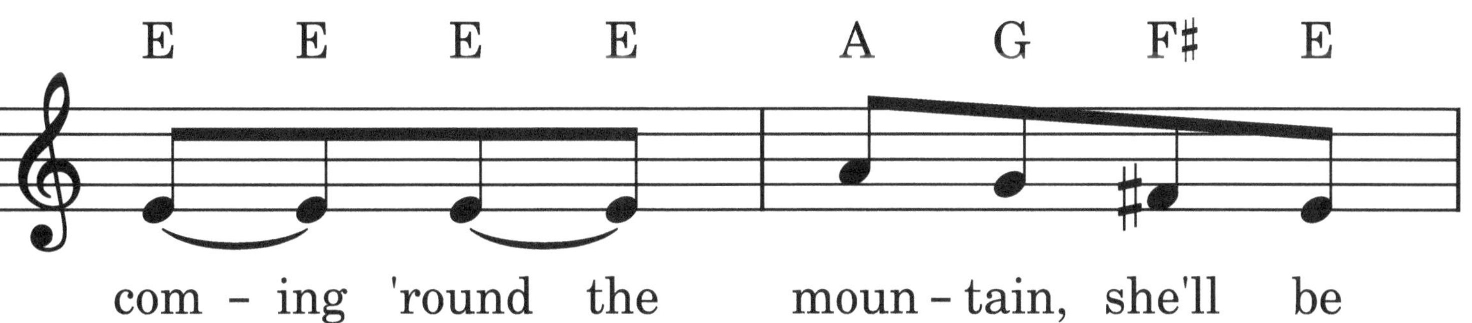

E E E E A G F# E
com - ing 'round the moun - tain, she'll be

D D D D B A F# D G
com - ing 'round the moun-tain when she comes.

I've Been Working On The Railroad

C   G   C   G C   D   E   C
I've   been work – ing on   ther rail – road,
F   F   C   D   E
all   the live – long   day;
C   G   C   G C   D   E   C   E   E
I've   been work – ing on   the rail – road, just   to
E   D   D   E   D
pass   the   time   a – way.

D   D   C#   D   E   D   C   G
Can't   you   hear   the whis - tle   blow - ing?

F   F   F C   C D   D   E
Rise   up   so ear - ly in   the   morn.

A   B   C   B C   A   G   C
Don't   you   hear   the cap - tain   shout - ing?

E   F   E   D   C
"Din - ah,   blow   your   horn!"

G   G   G   G   C
Din - ah   won't   you   blow,

A A A A A D
Din - ah won't you blow,
B B B B A B C D E C
Din-ah won't you blow your horn?_ horn?
E E E E C C C G C
Some-one's in the kitch-en with Din - ah,
E E E E C C C D B A G
Some-one's in the kit-chen I know,________
E E E E C C C F A
Some-one's in the kit-chen with Din - ah

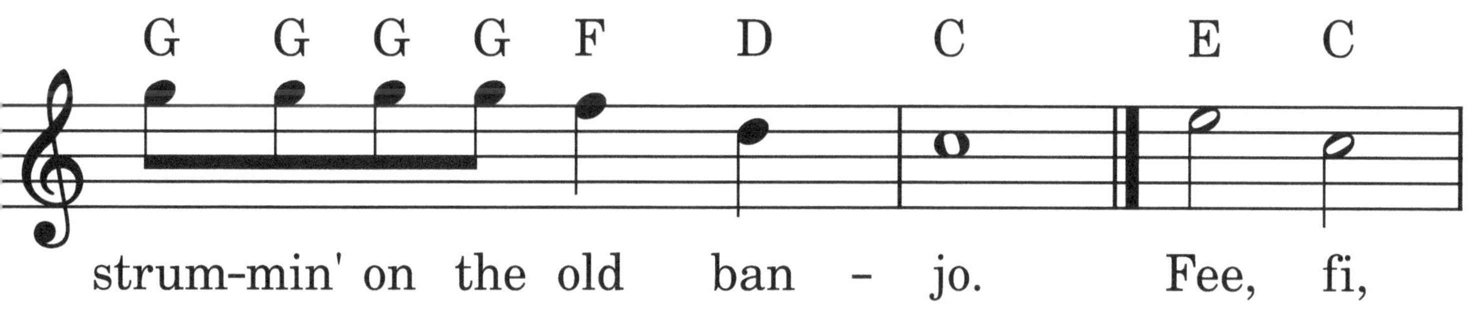

G G G G F D C E C
strum-min' on the old ban - jo. Fee, fi,

G G G C E E C C C C D B A G
3
fid-dle-ee-i - o, Fee, fi, fid-dle-ee-i - o,______

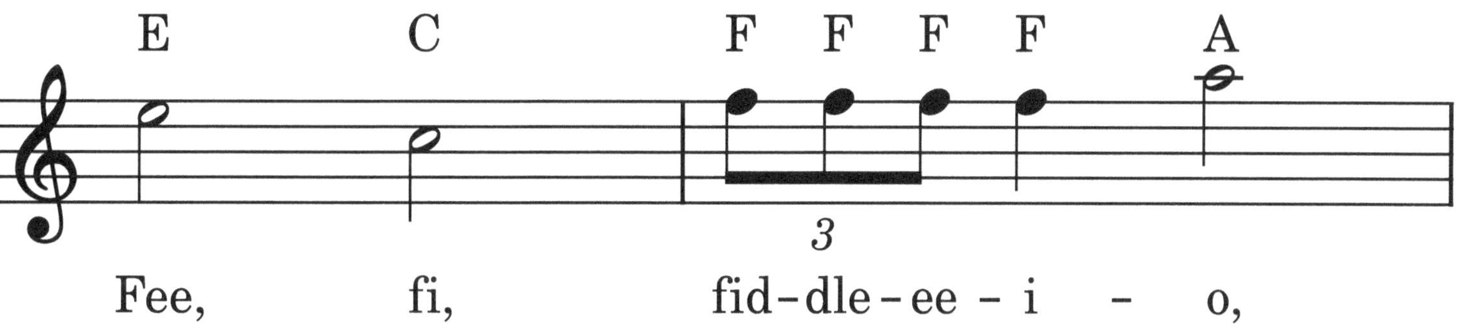

E C F F F F A
3
Fee, fi, fid-dle - ee - i - o,

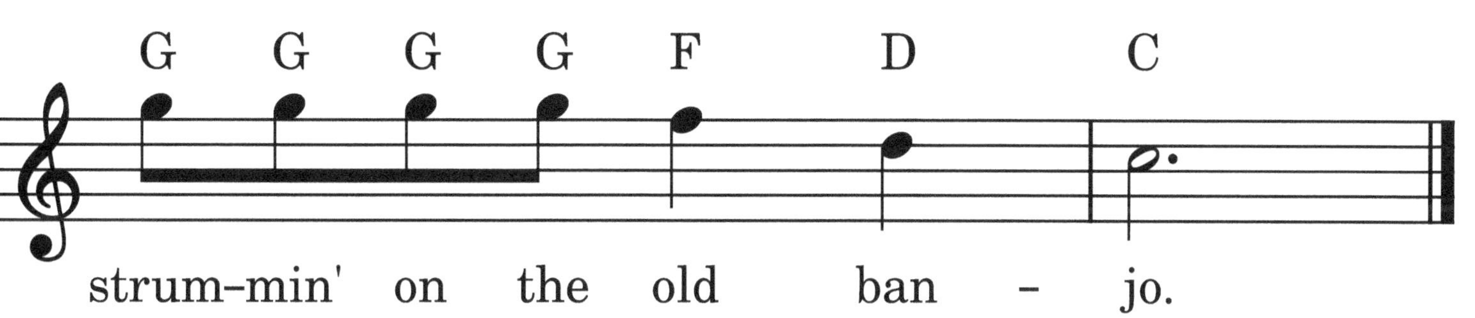

G G G G F D C
strum-min' on the old ban - jo.

Auld Lang Syne

D   G   F#   G   B   A   G   A
Should auld   ac-quaint - ance be for-got,
B   G   G   B   D   E
and nev - er brought to mind?
E   D   B   B   G   A   G   A
Should auld   ac-quaint - ance be for-got
B G E E D G E D B B
and days of Auld Lang Syne, For Auld Lang

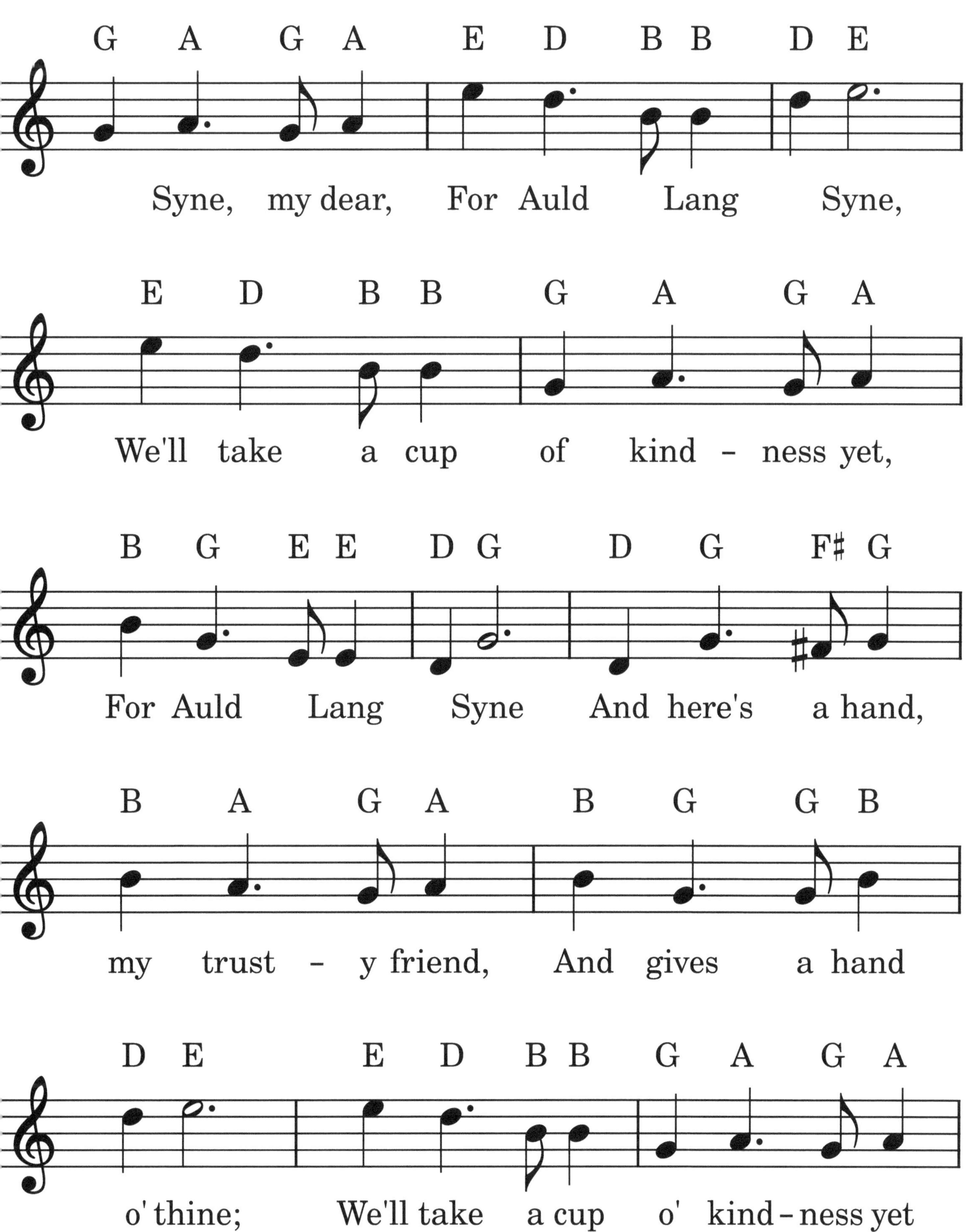

G A G A E D B B D E
Syne, my dear, For Auld Lang Syne,
E D B B G A G A
We'll take a cup of kind - ness yet,
B G E E D G D G F# G
For Auld Lang Syne And here's a hand,
B A G A B G G B
my trust - y friend, And gives a hand
D E E D B B G A G A
o' thine; We'll take a cup o' kind - ness yet

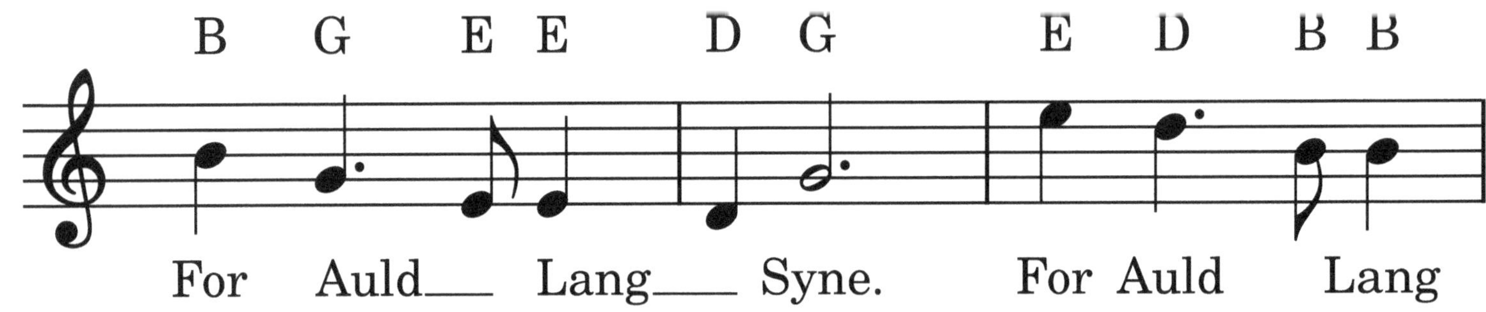

B G E E D G   E D B B
For Auld Lang Syne.   For Auld Lang

G A G A   E D B B   D E
Syne, my dear, For Auld Lang Syne,

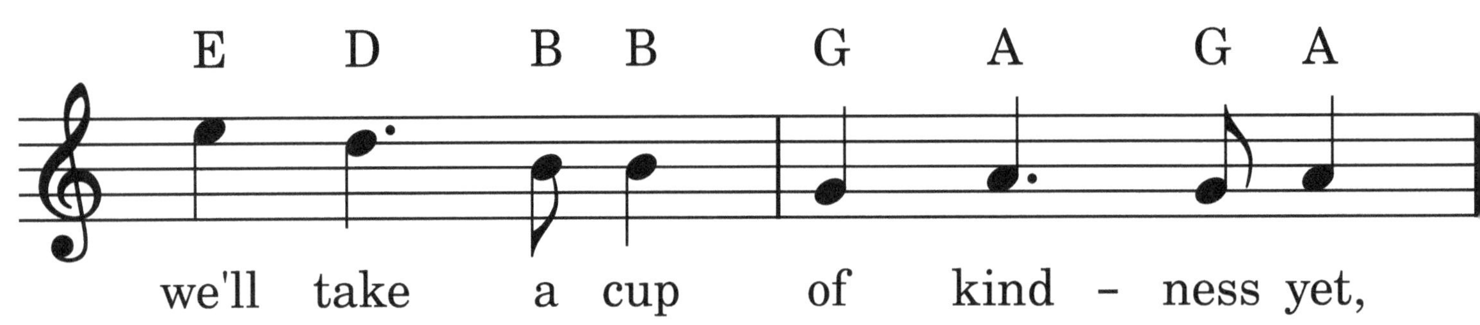

E D B B   G A G A
we'll take a cup of kind - ness yet,

B G   E E   D G
for Auld Lang Syne.

Baby Shark

D E G G G G G G G G D E
Ba by shark, doo doo doo doo doo doo. Ba by
G G G G G G G G D E
shark, doo doo doo doo doo doo. Ba by
G G G G G G G G G G F#
shark, doo doo doo doo doo doo. Ba by shark!
D E G G G G G
Ma ma shark, doo doo doo doo
Grand ma
G G G D E G G G G G
doo doo. Ma ma shark, doo doo doo doo
Grand ma

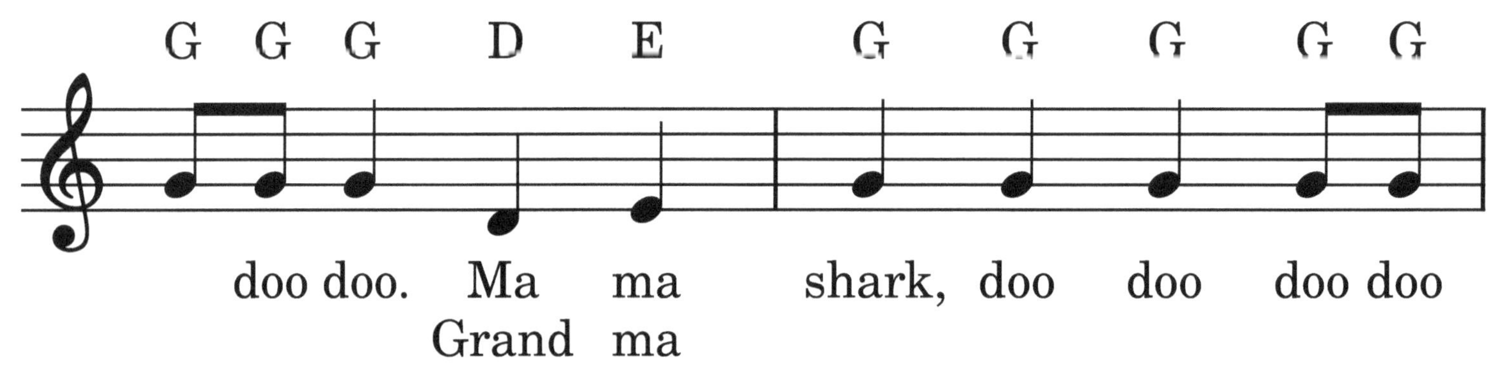

G G G D E G G G G G
doo doo. Ma ma shark, doo doo doo doo
Grand ma

G G G G G F# D E
doo doo. Ma ma shark! Pa pa
Grand ma Grand pa

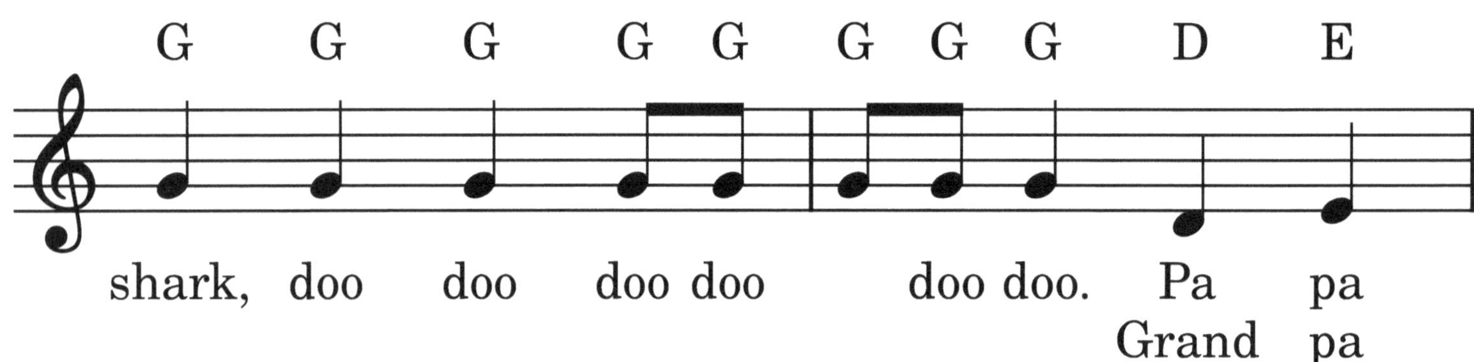

G G G G G G G G D E
shark, doo doo doo doo doo doo. Pa pa
Grand pa

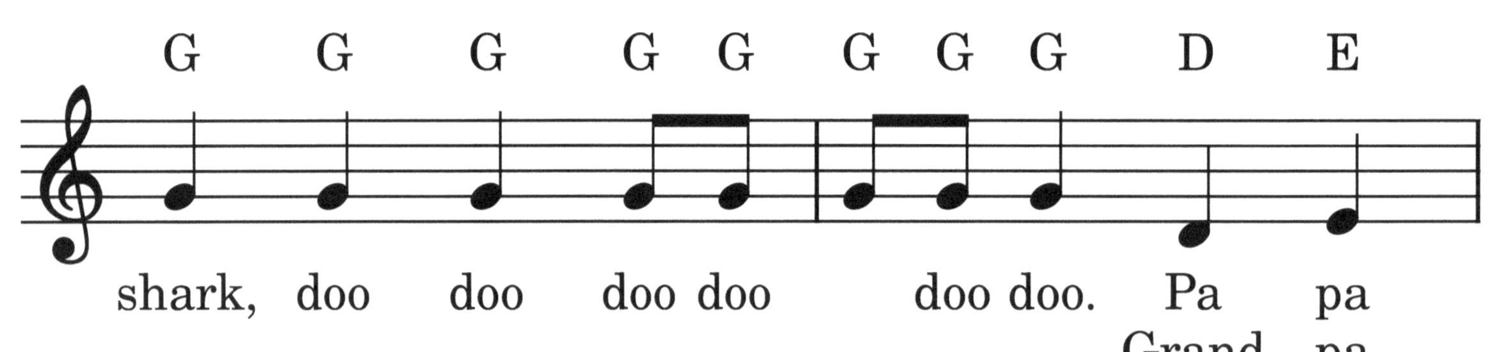

G G G G G G G G D E
shark, doo doo doo doo doo doo. Pa pa
Grand pa

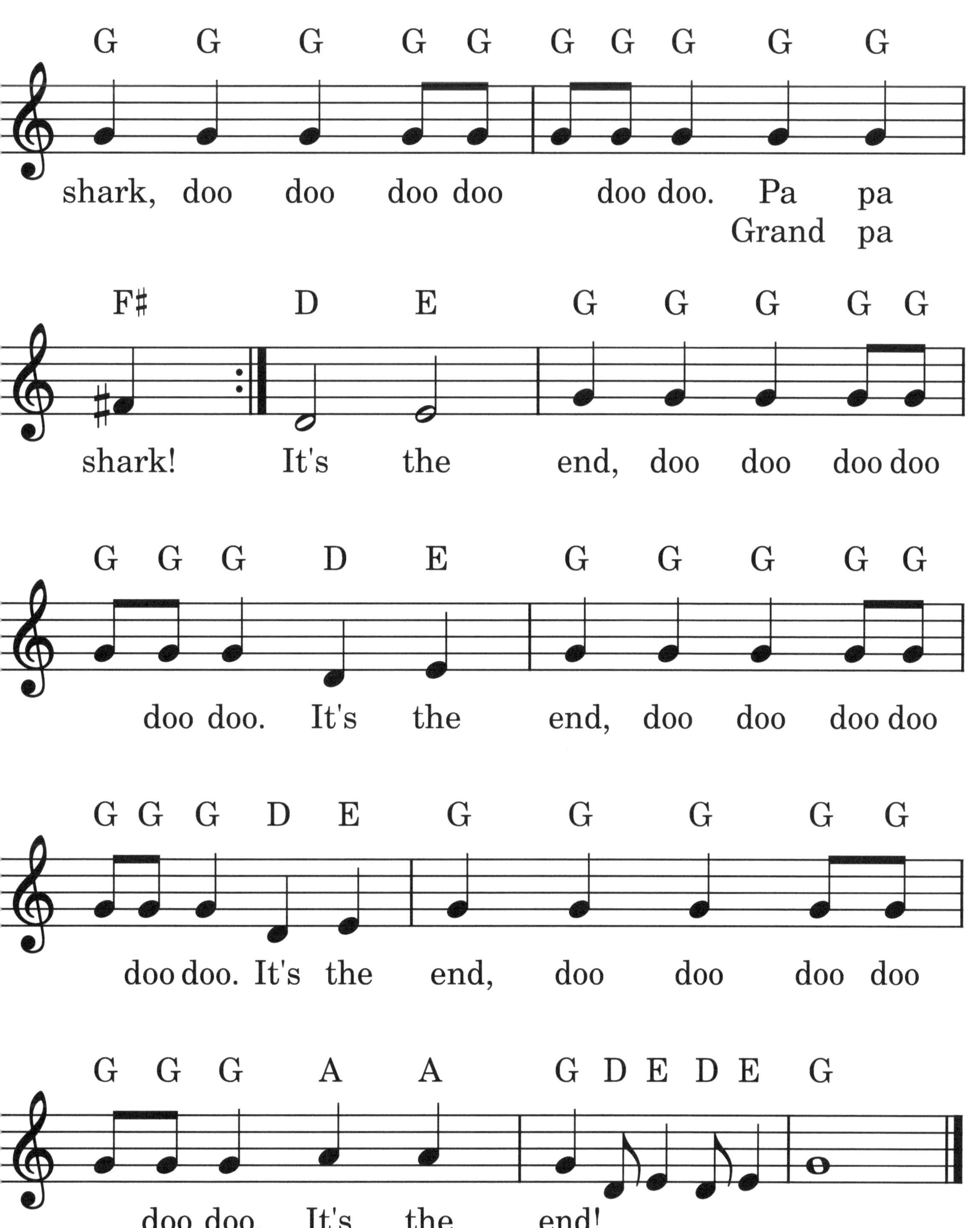

G G G G G G G G G G
shark, doo doo doo doo doo doo. Pa pa
Grand pa

F# D E G G G G G
shark! It's the end, doo doo doo doo

G G G D E G G G G G
doo doo. It's the end, doo doo doo doo

G G G D E G G G G G
doo doo. It's the end, doo doo doo doo

G G G A A G D E D E G
doo doo. It's the end!

Jingle Bells

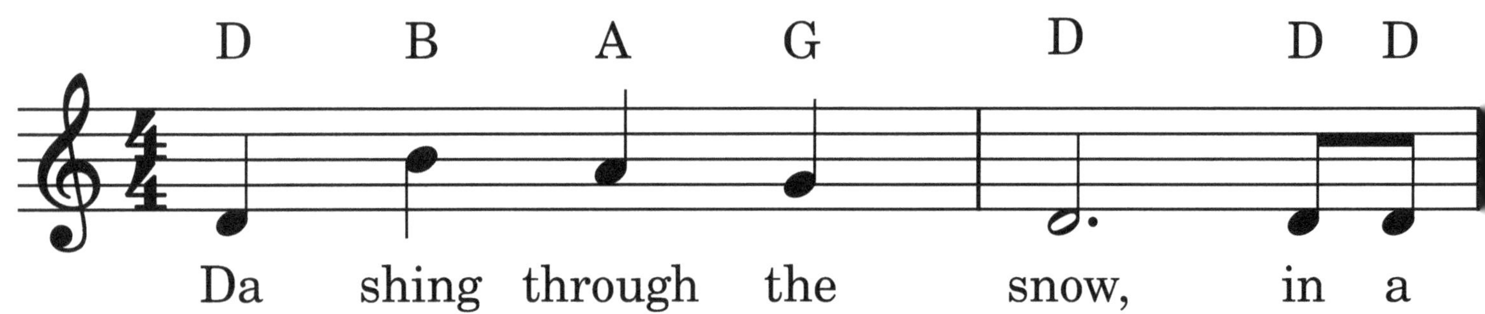

D   B   A   G   D   D   D
Da shing through the snow, in a

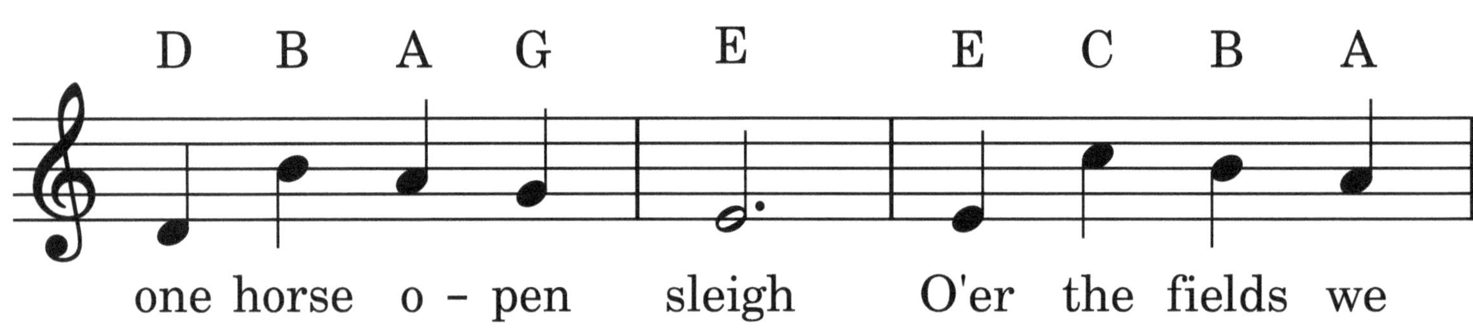

D   B   A   G   E   E   C   B   A
one horse o - pen sleigh O'er the fields we

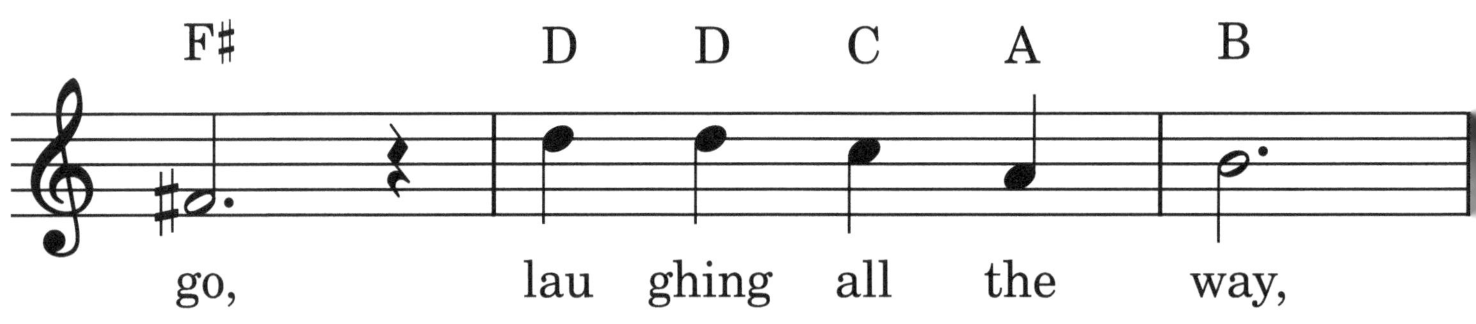

F#   D   D   C   A   B
go, lau ghing all the way,

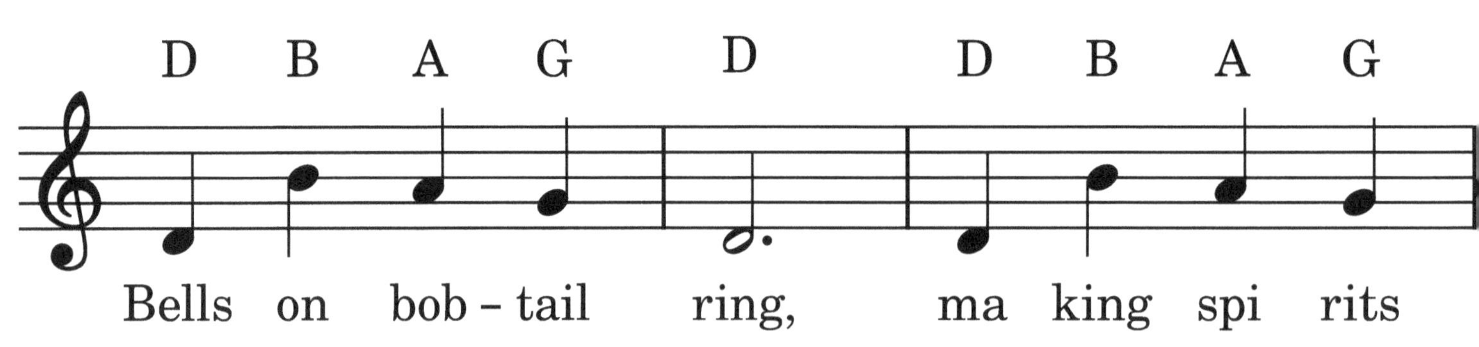

D   B   A   G   D   D   B   A   G
Bells on bob - tail ring, ma king spi rits

E   E   E C B A   D D D D
bright   what   fun it is to   ride and sing   a

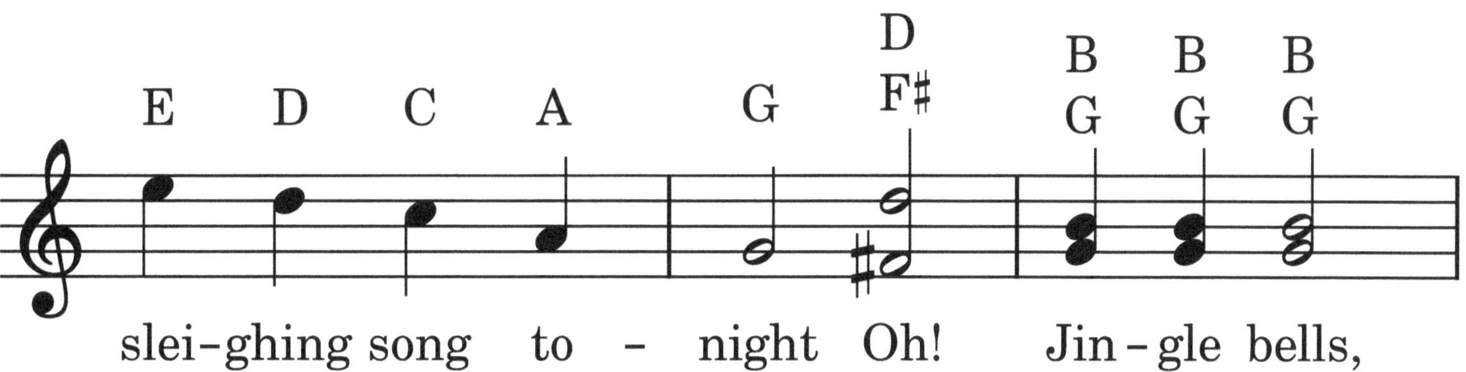

E   D   C   A   G   D F#   B B B / G G G
slei-ghing song   to - night Oh!   Jin - gle bells,

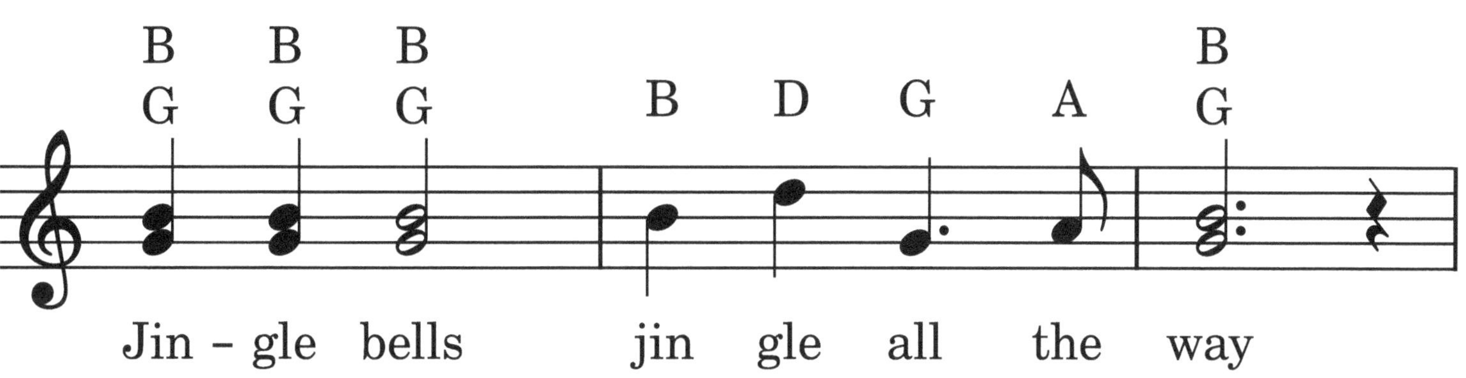

B B B / G G G   B   D   G   A   B / G
Jin - gle bells   jin gle all   the   way

C C C C   C B B B B   B A A B
Oh! What fun   it is to ride in a   one-horse o - pen

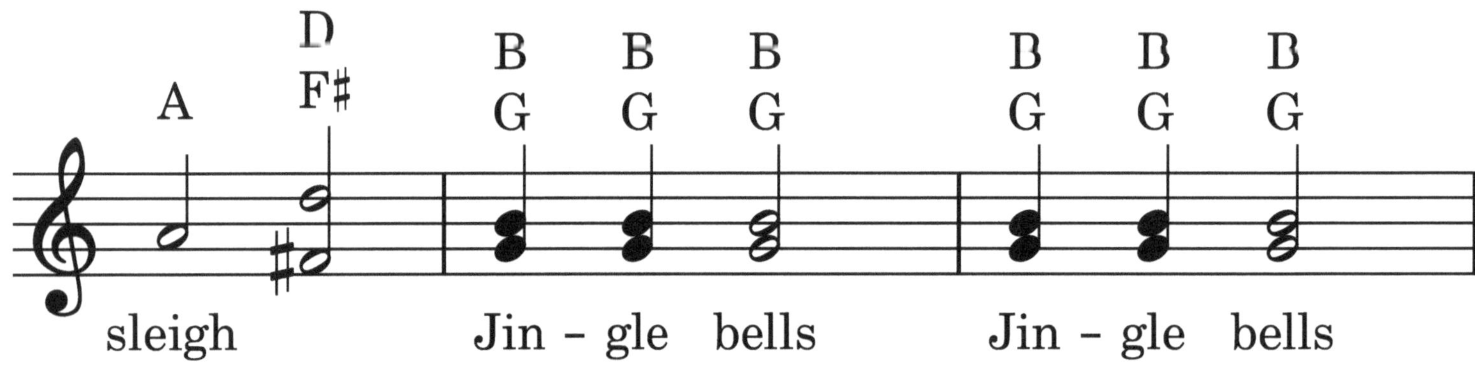

A
D
F#
B G
B G
B G
B G
B G
B G
sleigh   Jin – gle bells   Jin – gle bells

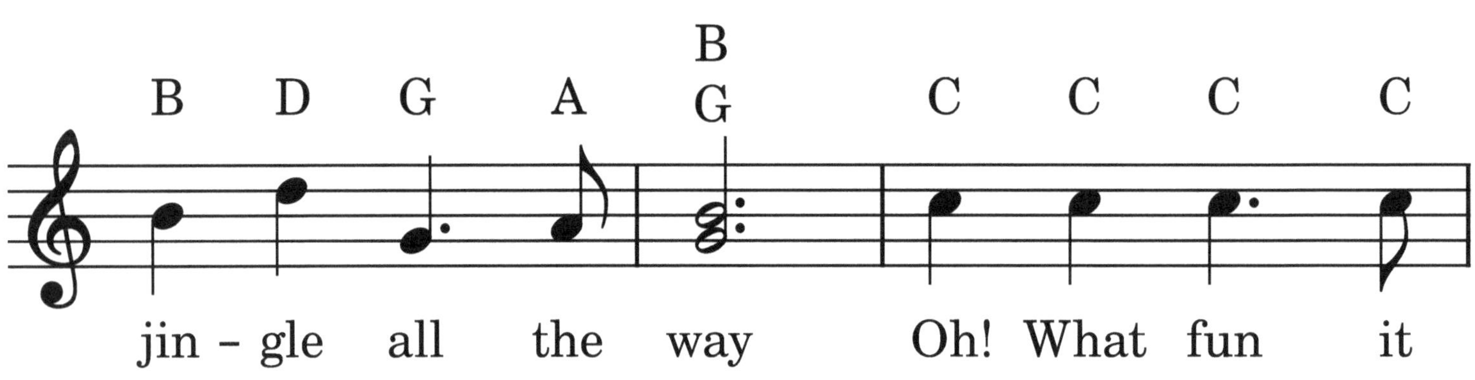

B D G A
B G
C C C C
jin – gle all the way   Oh! What fun   it

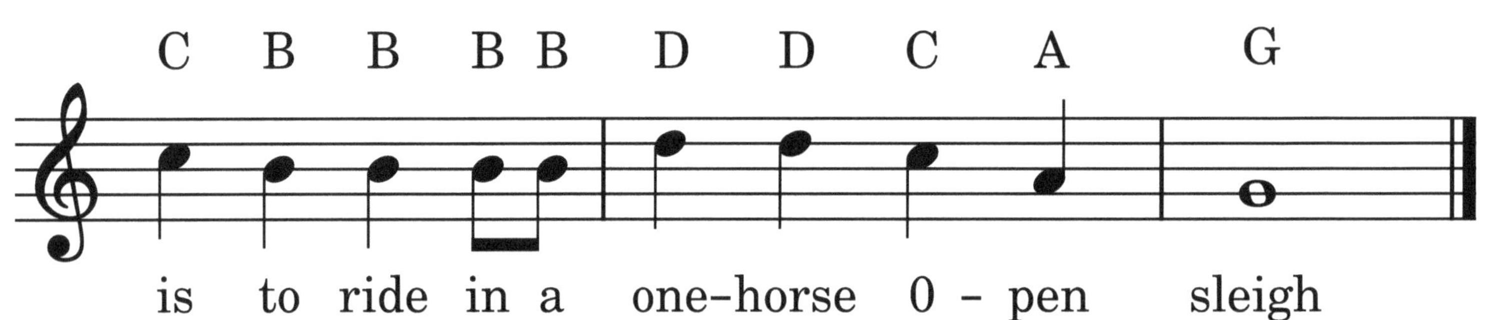

C B B B B D D C A G
is to ride in a one-horse 0 – pen sleigh

Sing A Song Of Sixpence

Sing a song of six - pence, a pock-et full of rye;
Four and twen-ty black birds baked in a pie.
When the pie was o - pened, the birds be - gan to sing.
Was - n't that a dain - ty dish to

F G A B C G
set be - fore a king? The
G A G E C C C
king was in the count - ing house,
B B D E F F F
Count - ing out his mon - ey. The
F G F D B A
queen was in the par - lor,
G G C D E E E
Eat - ing bread and hon - ey. The

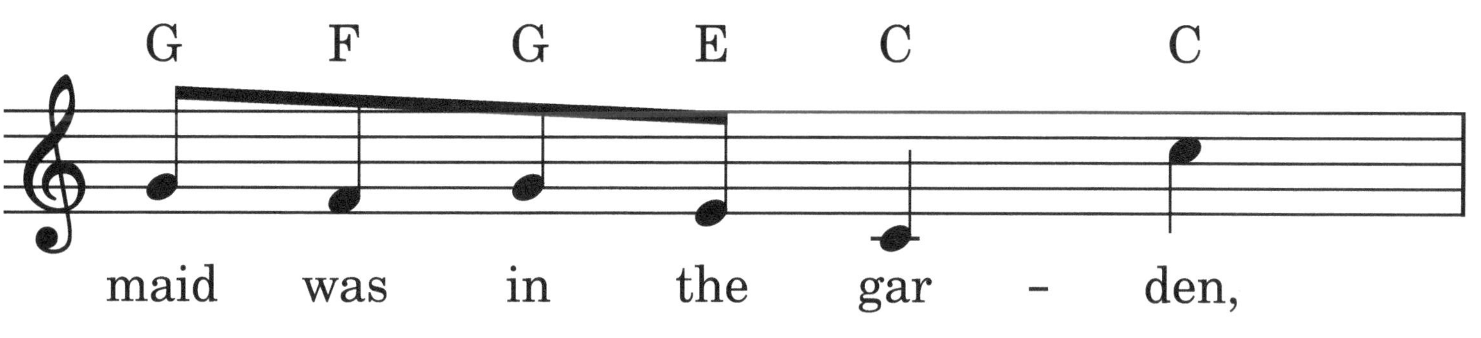
G F G E C C
maid was in the gar - den,

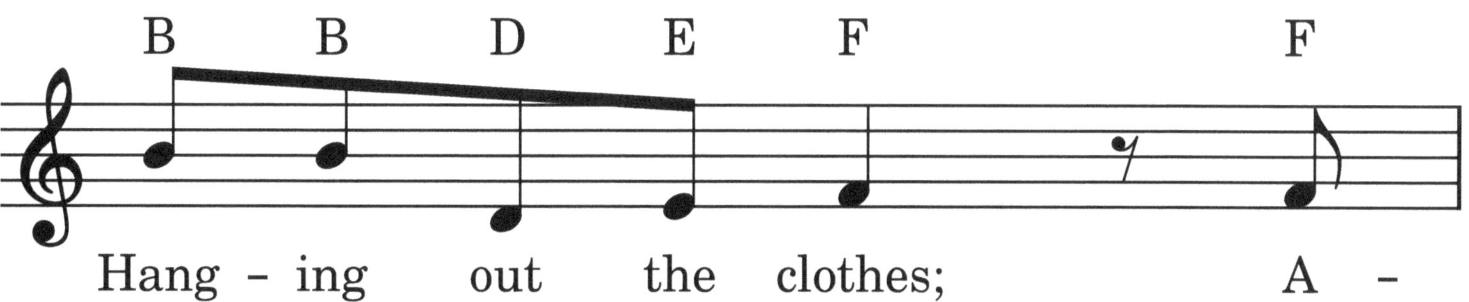
B B D E F F
Hang - ing out the clothes; A -

F G A G F E D E
long___ came a black - bird and

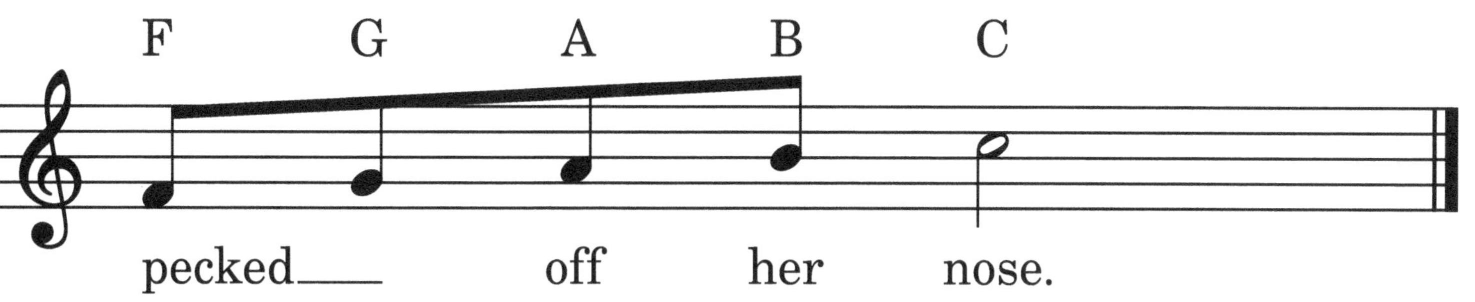
F G A B C
pecked___ off her nose.

When The Saints Go Marching

E   D   C   C   E   G
1 I'm___   just   a   wear - y
2 My___   fa -   ther love   the
3 And   mo -   th - er,   may
4 Up___   there   I'll see   the

G   F   F   A   C
pil - grim___   plod - ding
Sav - ior;___   what   a
God bless her,_   I   can
Sav - ior___   Who   re -

G   A   G   E   D   E   D
through this world of   sin,   Get-ting
sol - dier he   had   been!   But his
see   her now as   then;   With a
deemed my soul from   sin;   With ex -

C   C   E   G   G F F   A C
read - y for that Cit-y___ When the
steps will be more stead-y___
robe of white a - round her__
tend - ed hands He'll greet me__
G   E   D   E   C   E F
saints go march - ing in. When the
G   G C E F   G   E F
saints___ go march-ing in, When the
G   C   G   E   D   E G
saints go march - ing in; Lord, I

C   C E   G G   G F F   A C
want to be in that num-ber,__   when the

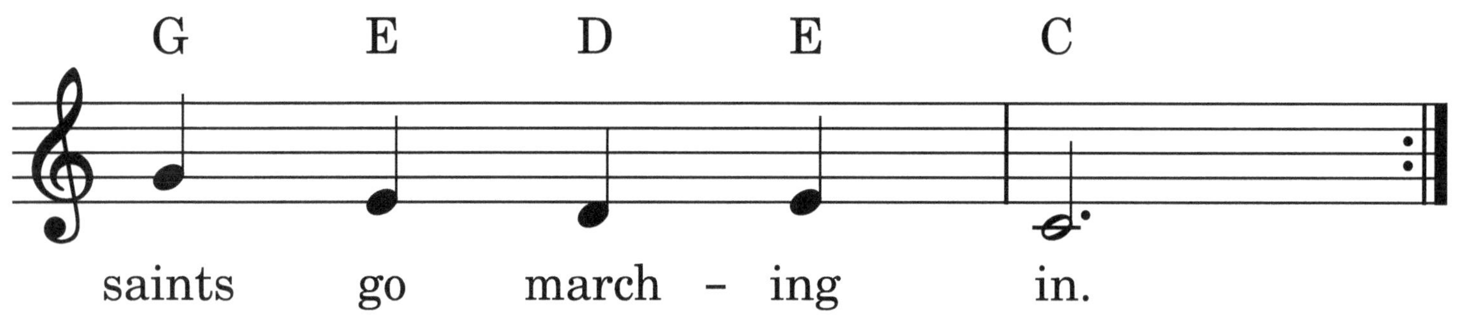

G   E   D   E   C
saints go march - ing   in.